智慧父母成长课堂

孩子的行为矫正与塑造

李学书 编著

清華大學出版社

北京

内 容 简 介

本书以家庭教育常见问题为核心内容，以孩子行为发展为主线，选取典型案例并加以解析，重点关注孩子的行为矫正与塑造。正文内容分为“家长教育”“认知能力”“情感培养”“学习行为”“励志行为”“交往行为”六部分，每个部分又包括若干小节，小节内容以“案例呈现”“案例反思”“策略与方法”的结构展开。

本书案例内容源于生活，相关反思围绕内容进行了升华，解决策略实用，有助于解决家庭教育中出现的问题。

本书封面贴有清华大学出版社防伪标签，无标签者不得销售。
版权所有，侵权必究。举报：010-62782989，beiqinquan@tup.tsinghua.edu.cn。

图书在版编目（CIP）数据

孩子的行为矫正与塑造/李学书编著. —北京：清华大学出版社，2021. 10
（智慧父母成长课堂）
ISBN 978-7-302-59222-8

Ⅰ. ①孩… Ⅱ. ①李… Ⅲ. ①家庭教育 Ⅳ. ①G78

中国版本图书馆 CIP 数据核字（2021）第 188089 号

责任编辑：田在儒
封面设计：刘　键
责任校对：袁　芳
责任印制：宋　林

出版发行：清华大学出版社
网　　址：http://www.tup.com.cn，http://www.wqbook.com
地　　址：北京清华大学学研大厦 A 座　**邮　　编**：100084
社 总 机：010-62770175　**邮　　购**：010-62786544
投稿与读者服务：010-62776969，c-service@tup.tsinghua.edu.cn
质量反馈：010-62772015，zhiliang@tup.tsinghua.edu.cn
印 装 者：小森印刷霸州有限公司
经　　销：全国新华书店
开　　本：148mm×210mm　**印　　张**：32.375　**字　　数**：635 千字
版　　次：2021 年 10 月第 1 版　**印　　次**：2021 年 10 月第 1 次印刷
定　　价：198.00 元（全 5 册）

产品编号：088198-01

“智慧父母成长课堂”丛书
编委会名单

主　　任：王伯军

副 主 任：杨　敏　王松华　江伟鸣　姚爱芳

编委会成员：王　芳　蒋中华　徐文清　祝燕国　赵双成
吴　燕　沈忠贤　丁海珍　王　欢　应一也
张　令　陆晓春　叶柯挺　朱　斌

丛书主编：杨　敏

本册作者：李学书

序

PREFACE

古往今来，纵观人类文明史可以发现一个永远不变的真谛：父母不仅是儿女的第一任教师，更是儿女的终身教师。家庭教育作为人生教育的第一课，是学校教育、社会教育的基础，也是一个人世界观、人生观、价值观形成的重要基础。它不管是在每个人一生的成长过程中，还是在社会风气和社会文明的形成发展中，都具有强本铸魂的奠基作用。因此可以说，家庭作为人接受教育的摇篮和接受教育的第一个场所，在人一生由浅入深的教育过程中，任何人所接受的最浅显、最基础的教育，都是通过家庭、特别是通过父母来完成的。如果没有家庭教育所传授的那些基本知识、学习本领、生活技能等作为基础，人是很难顺利接受学校教育和社会教育的。是故，家庭既是人的第一课堂，也是人的终身课堂。

世界已经进入终身学习的时代，而一个国家的终身教育平台是靠家庭教育、学校教育、社会教育三大支柱支撑的。时至今日，我国的学校教育、社会教育都有法律的规范、科学的指导、现代技术的支持，而家庭教育则处于初始状态，缺乏系统的

科学指导，在某些方面忽视甚至抵触现代教育理念。

在此背景下，“智慧父母成长课堂”丛书应运而生。本丛书以教育部出台的规划精神为指导，遵循家庭教育常识和有关规律，面对现实问题，秉持人性论、生存论、人本主义等理论基础，观照家庭教育对象生命的独特性和完整性、生命体验以及生存状态，坚持以社会学为主导的多学科、综合视角，避免如教育学、心理学等单一学科思维，且兼具可读性、科学性和实用性。

本丛书具有以下三个亮点。

第一，全新的认识和理念。当下家庭教育中最需要接受教育的不是孩子，而是父母。当前中国的家庭教育现状不容乐观，最大原因是中国家庭传统的断裂与师承出了问题。大多数父母对孩子的教育都是继承而不是创新，认为只要按照从上一辈那里学来的经验来教育子女就大致不会出错，认识不到自己所获得的家庭教育经验在巨变下的今天已经无法参照。因此，处在摸索阶段的当代中国父母在家庭教育中出现的问题看似在孩子身上，根却在成人身上，家长的自身教育已经刻不容缓。

第二，科学的认知和建构。当下家庭教育中最需要纠偏的不是教育策略，而是教育理念。以耳提面命、时时关注、步步盯梢的方式，把孩子培养成学习好、听话、懂事的乖孩子成为当下家庭教育中最普遍、最偏颇的理念，很多家长都未曾懂得“教育的本质意味着一棵树摇动一棵树，一朵云推动一朵云，一个灵魂唤醒一个灵魂”。不懂得教育最好的目的是解放孩子，解放孩子的潜质、个性和与生俱来的智慧，帮助孩子找到自己。

第三，深刻的理解和引导。当下家庭教育中最缺失的不是教育目标，而是健康的教育心理。当今中国家庭教育隐藏深远的问题是普遍焦虑——从孩子到父母到祖父母。根源在于父母秉承了传统教育中沉重悲观的思维方式，从而造成急功近利的普遍心态。同时，重养轻教、重物质轻精神、重说教轻氛围，以及传统观念中把孩子当私有财产的灰暗心态也比比皆是。于是，很多家长早已习惯于把自己和孩子的生命当作一场竞赛，从最初接受教育开始，父母都期望培养孩子能在未来具有竞争力——竞争名次靠前，竞争重点班级，竞争进入名校，竞争一份好工作，竞争出人头地。所以，人人似乎都是竞争对手。学习和生活也因此成为沉重之旅，痛苦之旅，斗争之旅。因此，如何培育健康的家庭教育心理已成当务之急：把生命看作一段旅程，把它当作永恒的学习之旅，持久的进步之旅，以及爱之旅，和他人彼此尊重，各自享受属于自己的人生之旅。

本丛书以当下家长教育孩子的现状、存在问题、实践行动为立足点，以智慧家长智慧爱为目标，分别以"给孩子正确的爱""学习是孩子自己的责任""注重培养孩子健全的人格""让孩子学会独立人际交往""孩子的行为矫正与塑造"为题，帮助家长学会正确爱孩子，学会让孩子主动且高质量地学习，学会在日常中培养孩子健全的人格，学会让孩子独立地进行人际交往，学会及时对孩子的行为进行矫正与塑造，从而给迷惘而焦虑的家长指点迷津，成为特别有爱的智慧家长。

《给孩子正确的爱——如何避开亲子之爱的六大误区》是杨敏教授关于家庭、关于孩子、关于爱与人生的又一鼎力之作。在书中，杨教授通过深入解读当下一系列亲子之爱的真实案例，以娓娓道来的方式帮助中国父母拨开云雾，点一盏灯，引领中国父母在陪伴孩子的岁月里避开亲子之爱的六大误区——附加条件的爱、包办替代的爱、强制服从的爱、无法满足的爱、要求回报的爱、跨越界限的爱。全书30个鲜活案例，30例动人故事，30篇哲理美文，引导广大读者打开通向孩子心灵的窗，启迪爱的智慧，点亮平凡人生。

《学习是孩子自己的责任》是孙传远教授撰写的第三部家庭教育著作。在书中，孙教授从家长与孩子交往的角度入手，以书信、故事、案例分析等生动有趣的方式，从七个方面引导家长思考和行动——人为什么要学习？要把孩子培养成为什么样的人？学习需要什么样的条件？学习仅仅是掌握知识吗？用什么方法能使学习更有效？能让孩子的学习变得更快乐吗？如何教会孩子面对学习困难与挫折？带领家长和孩子一起深刻认识和领悟：学习是孩子自己的责任！同时也向读者传递家庭教育一个美好的理念："我们需要被看见，而那得是带着理解、爱和接纳的眼睛，并且看见的也是我们自身，而不是对方的想象。"

《注重培养孩子健全的人格》由心理学副教授刘玉梅和家庭教育指导师孙少华合作完成。本书以国内外的心理学研究成果为基础，探究孩子健全人格的培养路径。全书分为三篇。第一篇"破译孩子心灵成长的密码"，以埃里克森人格发展理论为基础，厘清孩子在不同年龄阶段的人格发展特点，提醒父母顺应孩子身心发展的规律与节奏，选择适合孩子的教育方式。第二篇"探寻孩子行为背后的真相"，重点分析影响孩子人格形成与发展的各种因素，给父母的亲子教育以理性引导。第三篇“领悟开启孩子幸福人生的教育智慧”，从儿童心理学和教育心理学视角阐述培养孩子健全人格的方法，助推父母以自己全部的爱心、学识、良知、勇气去感染孩子，唤起孩子对未来生活的无限憧憬和乐观期待。作者遵循“读者中心”与“读者友好”的理念，集科学性、知识性、指导性和实用性为一体，既有生动真实的案例介绍，又有深入浅出的理论分析，表述风格兼顾通俗性与严谨性，可以让广大父母朋友们在轻松的阅读中受到启发，孩子和家庭也能受益。

《让孩子学会独立人际交往》是董丽敏副教授出版的第二部家庭教育著作。全书的写作宗旨是引导父母重视孩子的交往能力，帮助父母了解孩子在人际交往中可能出现的共性问题，协助父母更有效地指导孩子学会独立的人际交往，让每个孩子和家人、老师、同伴的关系都成为人生中最美的遇见。具体内容分三部分：和孩子一起成长——亲子交往篇，相逢是首歌——同伴交往篇，人生不能无师——师生交往篇。每篇都包括名人名言、引入、案例、案例反思、策略与建议、人生哲学六个框架。通过鲜活的日常生活案例，以通俗易懂的语言，带领家长探讨孩子成长过程中可能会遇到的种种交往问题，并提出策略与建议。

《孩子的行为矫正与塑造》由副研究员李学书完成。作者选取当下生活中的一些典型案例，在细致剖析和入微解读的基础上，以孩子行为发展为主线，以孩子成长过程中常见的诸多问题为核心，从家长教育、认知能力、情感培养、学习行为、励志行为、交往行为等六个部分娓娓道来，帮助家长科学关注孩子的身心健康，解决家长在孩子教育过程中所遇到的疑难和困惑，促进孩子全面发展。全书45个鲜活案例，22节理性妙文，带领家长一起思考和探索孩子行为矫正和塑造的一系列问题，也对家长如何从自身做起，不断提升和完善自己提供切实可行的行动策略。

苏联教育家苏霍姆林斯基曾说过："父母的爱应当是这样的：它能激起孩子对周围世界，对人所创造的一切的关心，激起他为别人服务的热情。"同时，他也曾留下过这样一句动人心扉的话："在每个孩子心中最隐秘的一角，都有一根独特的琴弦，拨动它就会发出特有的音响，要使孩子的心同我讲的话发生共鸣，我自身就需要同孩子的心弦对准音调。"相信通过这套书的阅读，能让每一位家长都在自我提升的基础上引领孩子奏响明媚的生命之歌！

"智慧父母成长课堂"丛书编委会主任　王伯军

前言

FOREWORD

家庭是孩子的第一所学校，家长是孩子的第一任老师。由此可见，家庭教育是个体成长的奠基性教育，是人接受的最初教育，它开始于胎教。从一般意义上说，家庭教育就是家长教育，围绕孩子的成长家长所接受的教育以及借助家庭环境给予孩子的教育，具有教育起点的启蒙性、教育方式的感染性以及对孩子影响的终身性等特征。本书以孩子成长过程中常见问题为核心内容，以孩子行为发展为主线，选取典型案例并加以反思。正文内容分为"家长教育""认知能力""情感培养""学习行为""励志行为""交往行为"六部分。

在家长教育中，家长是学生，是接受教子技术课程的学习者，解决的是家长自己教育孩子的困惑，实践的是解决孩子每天都出现新问题的过程。家长对孩子的教育应该秉持一颗平和的心，协调好孩子之间以及孩子和老师之间的关系，对孩子不良行为要坚决制止和纠正。认知能力是孩子成功地完成学习和生活实践最重要的心理条件。

在信息时代，认知能力还应该包括高阶思维能力，如评价和创新等方面的能力。在家庭教育中，孩子从“认人”“怕生”到开展各种学习和社会活动是认知能力发展过程中重要的变化。因此，家长应多给孩子创造外出活动、与人交往的条件，并随着年龄的增长，不断地扩大认识范围，根据孩子表现采用不同策略，在不知不觉中增强感知能力和记忆能力，以及解决问题的能力。

情感是人对客观事物是否满足自己需要而产生的态度体验。家庭教育中对孩子情感的培养和训练，要从家长自身做起，对孩子的价值观不断地进行完善，克服面子文化等不良情感影响，强化品德的修善、性格的陶冶、精神的充实，是对情感的品质特性进行塑造、调整和改变，是对于价值关系的认识能力与反映能力的培养。

家庭教育中的学习行为，主要是指在孩子先天素质的基础上，在以家庭主导的环境因素作用下，尤其是在家长影响下，以获取生活经验和习得知识为目的的个性化的行为。父母在培养孩子良好的学习行为习惯过程中起着关键作用，厌学和“手机控”是目前亟须解决的孩子学习行为问题。家庭教育对孩子学习行为的影响方式主要包含良好的家庭环境、家长学习习惯、适当的教育方式等。但家庭教育中家长要提高对孩子良好学习行为习惯养成的重视程度，推动综合素质的提高，为孩子终身学习奠定基础。

励志是催促人生迈向成功荣获辉煌的精神秘方。家庭教育中，家长应该通过各种方法和途径，比如通过榜样示范的力量激发孩子积极向上，身体力行进行励志，树立切合实际的理想，培养孩子的意志力，主动克服困难，从内心深处凝聚学习和奋斗的力量，形成正确的人生观和价值观，用心灵体验总结出生活的内涵，这样才能真正获得尊严和自信。

在家庭教育中，父母必须重视对孩子交往能力的培养，教会孩子基本交往策略，更好地促进他们主动参与社会化，使他们适应社会，发展健全人格和个性，为将来工作和独立生活奠定良好的基础。

本书通过真实的教育内容，源于生活的案例反思，并对错误事件和行为的改进提出实用的策略与方法，有助于解决家庭教育中出现的问题，促进孩子健康成长。

李学书

相关资料

目录
CONTENTS

一、家长教育

家长教育是整个教育的基石，是整个国民素质提高的基础，决定着家庭教育是否成功。家长若想把孩子教育得更好，必须认识到对自身教育的重要性和意义。在家长教育中，家长是学生，是接受教子技术课程的学习者，解决的是家长自己教育孩子的困惑，实践的是解决孩子每天都出现的新问题的过程。孩子的素质是国民素质的基础，因此未来的国家命运与其说掌握在今天的孩子手里，不如说掌握在家长手里。家长朋友们，让我们从现在开始，学习改变成长成功吧！

1. 别让你的求胜心打扰了孩子的平静成长

千教万教教人求真，千学万学学做真人。

——陶行知

在教育成为全球核心利益的今天，功利的父母越来越多，没出息的孩子也越来越多，两者似乎存在某种因果联系。一是父母受功利欲望驱使将目标定得高高的，例如“北大兄妹”“哈佛女孩”“中高考状元”，相形之下，孩子就没有出息了。二是父母都以“为了孩子好”为噱头，却没有培养孩子的预见力、判断力，只会照搬别人的教育经验，仅盯着眼前的利益，盲目赏识别人家孩子的优点，认为孩子总是别人家的乖，忽略自己孩子的长处，其结果当然会影响孩子未来的成长。

目前，很多家长经常采用与其他孩子比较的方式去激励孩子，崇尚“不让孩子输在起跑线上”的教育理念，打算把孩子培养成“神童”，能一夜成名，希望孩子在各种真假难辨的才艺大赛中显露身手，期盼自己的孩子成为下一个“郎朗”，于是不惜血本送孩子去昂贵的早教中心，接受多种才艺培训，对孩子进行超前教育，结果却往往适得其反，打扰了孩子平静的成长。

案例呈现

案例一

苗苗的妈妈是一位大学教师，最近感觉苗苗略显孤独，常常在妈妈备课和研究时哭闹。为了减轻苗苗的孤独，妈妈决定给孩子报一个早教班，以便和其他小朋友一起玩耍。为了开展集体活动，早教老师在苗苗四月份生日时召集孩子们开个生日聚会。在大大的教室里，戴着手工生日帽的孩子们一个个笑脸如花。只有一位小朋友坐立不安，老师分的蛋糕也只匆匆地吃了一口，一脸哭相。

抱着孩子的是一位年轻的妈妈，嘴里一直念叨孩子刚犯的错误，引起了苗苗妈妈的注意。"滚圈圈的时候，你为什么不走直线，要是直直地走，就拿第一了，还可以获得第一个小书包的奖励。"

"噢，原来那位年轻妈妈特别想要孩子在刚才的游戏环节中获得第一，宝宝的第二名让妈妈有点失望。"苗苗妈妈暗自想着。

听完妈妈的话，很委屈的那个孩子，开始捶打他的妈妈。这时老师又过来安慰这个小朋友："宝宝，不要在意这一次的成绩，还会有别的游戏。"但老师的安慰并没有产生多大的效果，孩子还是很自责，怎么就比不上第一的丫丫。

在之后的各个游戏环节中，这位年轻妈妈一直秉着"必须第一"的目标，而这位没有了自我的孩子频频回头看妈妈，希望得到更多的指令，从而失去自我。

案例二

高中是人生的重要阶段，这期间的学习繁忙又紧张，毕竟很快要迎接人生的第一个转折点，因此，很多家长和孩子一样积极备战，开始了马拉松式的监督和后勤保障工作：给孩子开第四餐、全程陪读、准备各种营养补品等。但在这样的关键时刻，我却发现了一个另类：别的家长和孩子在备战高考，邻居徐老师却经常领着他的儿子在体育场打篮球，往往大汗淋漓，好像即将到来的高考与其无关。有一天，老婆的话解开了我心中的疑惑："徐老师家的孩子不必像别人那样死磕书本，但学习好。他家孩子在读小学的时候成绩并不理想，徐老师也曾因为孩子'没出息'而困惑，有时也拿着扫把满院子追着他打，但没有效果，听说还闹过离家出走，为此，徐老师的妈妈心疼唯一的外孙还过来干涉内政。"

自从那次离家出走事件后，徐老师干脆放手了，很少谈成绩的事，不像以前那么在乎他的排名了，相反，更多地带孩子出门玩，偶尔还来个短途旅游，似乎在精心呵护孩子心理上的脆弱。孩子也好像变了个人，反而更能静心学习，刻苦钻研了，有时候做数学题入了神，连吃饭都忘记了。这让徐老师不知所措。徐老师的育儿学习经是：把输赢得失看得太重会增加孩子的焦虑，因此，作为家长不能一味地关心孩子的名次，而忽略了孩子的心理压力，让他不能真正地享受和体验学习过程收获的喜悦和努力的艰辛。

案例三

我经常听见一个朋友抱怨自己的侄子本是方仲永似的小天才，却被他的父母瞎折腾泯然众人矣。有一天，这位朋友给我看他侄子几年前画的素描画，当时我惊呆了。这个孩子在五六岁的时候就能把人内在的精神通过线条表达出来，简直就是画家坯子。比如，他画爷爷帮助别人补鞋，惟妙惟肖，嘴抿起来、目光凝视、眉头紧皱的样子；往鞋里扎针时每个动作拿捏的神情，每根手指的细节、手指的配合、手脚和神情的那种协调，全都画得栩栩如生，连比例都掌控得很准确，甚至能把人的那种受神经指挥的感觉表现出来。就是这样一个天才，后来说什么也不愿意上学了。我朋友解释的原因是，孩子性格中有过分追求完美的因素，同时天才儿童过于敏感。但后来进一步了解，我认为问题不是源自孩子本身，而是出在家长身上。因为这孩子小时候的优秀，被家长的期望压得受不了。为了让孩子更有出息，他的妈妈像别的妈妈一样，一下就给孩子报了四个兴趣班，大人与孩子整个周末都在疲于奔命。一个被父母的意志绑架的孩子能不厌烦学习吗？另外，为了建立父亲的威严，动不动非打即骂，一旦孩子考试有“闪失”妈妈就整天唠叨个没完，弄得孩子见了父母就像看见凶猛的狮子一样。天才“方仲永”就这样被“伤”了，泯然众人矣。

案例反思

每每提及这三个案例情节，我的心情都很沉重。案例一，在所有的游戏环节中，这个孩子努力地想要得到妈妈的认可，即使是一个微笑，而努力承担的负担太重了，让我有点心疼，从而思绪万千。一个不到三周岁的孩子，本不应该关心输赢，不应该在乎得失，只需沉浸在孩童的游戏中，尽享由此得到的乐趣；他本不该担心排名，只需在每一次的玩乐中，享受当下。但事实正好相反，这个可怜的孩子仅沉浸在如何赢的焦虑中，只担心是不是排名第一，能不能得到那个小书包的奖励，失去了玩乐时所有的兴致，游戏失去了真正的意义。

事实上，孩子的所有表现皆源于父母的意愿。在孩子的眼里，父母的愿望是“最高指示”，孩子表现出来的焦虑源于妈妈想要赢，从而导致孩子在所有的游戏中，不能享受游戏本身的乐趣，而被游戏以外的东西所绑架。

徐老师育儿的经历，让我想起刘震云作品《手机》里的一句话：生活本没有输赢，但如果你有了胜负心，那你便是输家。

输赢本是成年人必须面对并为之争取的课题，但目前它下延到尚未正式入学的孩子。在凡事讲究排名、高分录取的社会中，孩子在各类活动中的名次对虚荣的家长而言显得异常重要，不受影响是不切实际的。但一个聪明而理性的家长应该合理地控制自己对孩子不合理的期望，把胜负得失放在正确的位置，重点关注孩子的人格健全和身心健康成长。

案例二和案例三中的父母，失去了家长最基本的耐心，只想赢而完全忽视了孩子天真的笑容，忽视了他墨如点漆的眸子里那份不含任何杂质的纯真，这样的家长多么糟糕。由此带来的后果是非常可怕的。在孩子学习和生活中，鉴于家长的攀比之心以及期待想赢的愿望，致使家长们都焦急地想要自家孩子一下学会别人家孩子都会的东西，都成为攻无不克、战无不胜的“常胜将军”。因此，基于功利心的焦虑往往使家长在孩子教育中失去耐心，而完全忘却了龙应台在其著作《孩子，你慢慢来》里面描述自己在等五岁的孩子扎鞋带时的耐心：“我，坐在斜阳浅照的石阶上，望着这个眼睛清亮的小孩专心地做一件事：是的，我愿意等上一辈子的时间，让他从从容容地把这个蝴蝶结扎好，用他五岁的手指，做自己想做的事情。孩子，你慢慢来，慢慢来。”①

孩子成长的过程应该充满天真和无邪，是一个纯净和好奇的经历，但在这一过程中很多家长把得失输赢看得过重，不能让孩子享受生命的过程和乐趣，造成了孩子的焦虑，让他们在本该享受幸福时光的时候实现其父母想要的结果。

为此，很多父母以培养孩子某一方面的兴趣，挖掘他的潜能之名，同时崇尚“不让孩子输在起跑线上”的观念，强行给他们超负荷地报各种补习班、特长班，忽略强化价值观和品格为主要内容的家庭教育，强迫孩子加班加点学习，接受知识和技能的灌输，满足自己要赢的虚荣心。案例二和案例三的事实说明这样做不但不能让孩子有所收获，往往适得其反，会引起孩子的焦虑，伤害其成长和持续发展的资本。

---

① 龙应台. 孩子，你慢慢来[M]. 上海：生活·读书·新知三联书店，2009.

很多家长将家庭教育变成孩子争夺输赢的“名利场”是有社会基础的。中国有崇尚读书的传统，更有光宗耀祖、望子成龙、望女成凤的心愿。有责任心的长辈都将教育孩子视为天经地义的责任这本无可厚非，但现实生活中很多家长将这种责任异化为一种功利性的时尚，成为自己未曾实现的手段，家庭教育的作用和功能就随之淡化甚至被扭曲，家长过多且不切合实际地把自己的意志强加在孩子身上，而忽略了孩子心理承受能力及其成长规律，无标准地跟风，无条件地攀比，有时甚至不惜代价。

事实上，只有在家长放下胜负心，放下输赢和比较后，才能引导孩子活出真正的自我；孩子才能不失自我，进而真正地悦纳自我，从而赢得整个人生！

策略与方法

家庭教育中很多问题的症结落在功利化性追求，因此去除功利化思想对教育就显得必要且迫切。所谓家庭教育去功利化，就是要通过家长、学校、社会围绕孩子的健康成长和人格健全，共同努力改变家庭教育功利化认识和现状，还教育本真的面目。

1）全面掌握家庭教育的功利性表达

目前我国家庭教育追求短期效应，无视孩子实际情况，急功近利，背离自身宗旨和规律的功利倾向日益严重。其功利性倾向和做法首先体现在教育目标上重成才，轻成人。教育尤其家庭教育的本真是培养真正的人和真正培养人，是为孩子身心全面发展和可持续发展奠基。但功利化的家庭教育却重智育（输赢），轻德体（人格）；重特长（技能），轻全面发展（身心健康)；关注成名成家(最好一夜成名)，忽视如何做人(综合素质全面提升)。其次体现在家庭教育价值取向上重经济效益，轻教育质量。当前的教育，无论是制度化学校教育还是非制度化培训和家庭教育，教育行为发生的重要目的之一就是赢利。学校择校费，培训机构往往代替家庭教育，收费项目之多，金额之大令人吃惊。其结果是既增加了家庭的经济负担，又带来了教育的不公平。一些幼儿园老师教书不为育人为赚钱，课上该讲的课下讲，课内该讲的课外讲。再次体现在教育行为上背离教育规律，重结果，轻过程。忽视孩子是正处于成长中的人，无视他们正常社会交往需要和人生体验；采取拔苗助长的做法，幼儿教育小学化，低年级教育高年级化；谁升学有望就重视谁，谁升学无望就忽视谁。最后体现在家庭教育的途径上，教学和作业成了唯一的途径，看不到教育是一个综合体，丰富多彩的社会实践活动被排除在人的培养途径之外。

2）唤醒家长自觉去功利化的意识

笔者认为，目前中国家庭教育最大的问题是对其定位的误解，是开发孩子智力、管孩子的脑袋呢，还是要培养他们正确人生观等道德品质，即所谓“养心”教育？家庭教育作为一块独立的教育空间其主要定位应是形塑孩子健全人格。健全人格类似于养树的树根。如果一棵树苗表面上枝繁叶茂，根系却不发达，生长的土壤不肥沃，这棵树苗的命运则很难自控。孩子人格健全主要靠家长。而目前全中国家长以为家庭教育是培养孩子外在的教育，在和其他孩子争夺输赢，忽略其核心素养的培育和提炼。

中国家庭教育质量提升的关键是如何提高家长的教育素

养。事实证明，一个家庭的教育问题表现在孩子身上，病灶则在家长。因此，家庭教育最致命的问题，一是功利，二是浮躁。上述案例中，家长的功利诉求和对待教育浮躁也必将影响孩子的健康可持续成长。很多孩子读书就是在维护家长的尊严，在给家长撑面子！还有些家长遇到教育问题时，很少从自身找问题，总是责怪自己生活的时代和社会。在这个多变的时代，家长首先要学会让自己的内心平静下来，拒绝浮躁。因此，教育孩子要循序渐进，晓之以理，动之以情，消除传统的棍棒教育，家长和教育工作者们要坚决规避功利思想驱使下做出的一种"假惺惺"的姿态，唯有如此才能更好地教育孩子。①

3）家长要有平和的心态

家庭教育的功利性思想反映的是家长对教育本质和内涵的理解，而一味迎合社会对"神童""明星""超女快男"似于病态的疯狂追捧。父爱如山，母爱如水。家长的情绪达到平和的状态才适合培养孩子高尚的情操和健全的心智。伟大的、智慧的家长就善于用平和的情绪，利用自身榜样的力量，做到"接纳""尊重"和"托举"，孩子的心被母亲这样呵护着，孩子才有发展的可能。②

因此，克服家庭教育过程中的功利与浮躁，家长首先要培养自己的"耐心""信心"和"爱心"。"耐心"是教育过程中最重要的属性，是最伟大的智慧，也是中国家长们最缺乏，教育过程中最重要的品格。家庭教育是个慢活，慢工出细活，如果你想

---

① 罗检宏. 家庭教育要避免功利性[N]. 湘潭在线-湘潭晚报，2014-03-19.

② 滑经纬. 专家：家庭教育最忌功利与浮躁[N]. 现代教育报·家长周刊，2016-11-29.

把孩子培养成时代所需要的人，绝不能急于求成。“信心”是基于对孩子的信任，相信孩子能够做好自己的事情，不要轻易催促、提醒孩子，在孩子成长的过程中，最伟大的老师是孩子自己，而不是我们家长。理解一切是真爱的前提，理解孩子，相互尊重。教育者应该像石雕家理解石头一样理解孩子，才能赋予石头灵魂层面的东西，最终雕刻出艺术精品，不理解孩子的家长，没有资格谈爱孩子，更不用说教育好自己的孩子。

摒弃功利化的家庭教育模式，最大限度地协同家庭教育和学校教育，让每个孩子成长在幸福的蓝天下，社会各方面需要协同行动！

正如社会其他事件一样，家庭教育的功利性是其发展的动力之一，但出发点是培养孩子身心健康、终身发展。因此，社会和学校应努力营造平等、提高人的素质、避免急功近利的良好环境；家长要自觉平和心态，因人而异地把对孩子在学习结果上尤其是对输赢和分数的过分关心回归到亲子关系上来，让孩子回归天真，回归生活真谛，体会成长收获的快乐和生活历程中所遭遇困惑而引发的酸涩。

2. 当家长撕破脸怒怼老师，最终的受害者是谁

为克服家庭局限性的消极后果，人们建立学校。但是，人们决不能因此而期望，学校包括了对人教育的全部内容；也决不能因此而期望，学校能替代父母、客厅和家庭生活的地位，能为心灵、精神和职业教育做必须做的一切。

——裴斯泰洛齐

家庭教育是学校教育和社会教育的起点，它们都是重要的教育形式，是人类延续、社会发展的重要手段，并随社会的发展而不断改革。但它们又是两种不同性质的教育，有着各自的优势。例如，家庭教育具有亲情优势、早期性优势、影响的泛在优势、灵活性优势、连续性优势、生活化优势、个性化优势等；学校是一种专门的教育机构，可以克服非教育因素的影响，从而彰显教育的专业性、计划性、组织性、系统性，因此在育人理念和团队精神的培养等方面是家庭教育无法比拟的。作为家长不仅要看到家庭教育和学校教育各自的优势，更应该了解彼此的互补性，以便在孩子培养过程中发挥各自的特长，更好地促进孩子健康成长。

案例呈现

案例一

最近有一则题名为“老师布置的暑假作业太多，家长怒怼女儿老师后，被威胁说想想最后受伤的是谁！”的帖子在网上疯传，为此微博上近 7 万网友吵起来了……

总结几个版本我发现事情是这样的，博主朋友的女儿即将升三年级，语文老师更换，新语文老师在原语文老师布置过暑假作业的前提下，又布置了新的作业，朋友认为，假期孩子本身有安排，是休闲时间，对作业量有异议，就在群里提出来了，结果家长和新语文老师就在群里吵起来了。家长认为自己是在和语文老师就作业问题进行沟通，在没有说到数学老师的情况下，或许责任感使然，数学老师在群里指名道姓朋友女儿作业的完成量是全班最少的，并指责在家长群这样说是很不负责任的做法。朋友不过是反映语文作业量多，然后数学老师掺和进来，两位老师一起攻击家长。说到激动时，老师还让家长退群，家长自然不服气，认为既然是一个通知群，难道在群里对于你们的通知，做家长的只能接受？这不是霸王条款吗？朋友晒出家长群里和老师的对话，很让人生气，有让大家评理的意思，认为两位老师说话完全没有为人师表的样子，如此素质让人将孩子交到他们手中实在不放心！

关于这件事，微博网友分成了支持家长和支持老师的意见分明的两派。

一派网友认为，孩子作业确实太多，老师态度不好。

网友“天小天要加油”：老师说的那句，我就喜欢乱吼，看不惯你退群啊，我也真是震惊了。谁敢把孩子交到这样的老师手上，真是天啊！

另一派网友理解语文老师的作业布置，认为家长有意见应该私聊，不该在群里公然开撕。

网友“别睡太晚”认为：“数学老师语气不好，但是语文老师还是很客气的，家长有点看不起老师，觉得自己很不得了，认为老师应该听自己的，不尊重老师，在群里顶撞老师，这样会造成不好的影响，或许家长在孩子面前也这样，导致了孩子可能也不听老师管教，数学老师说了他孩子作业完成

量特别少，可能就是小孩子也受家长影响了。”

（资料来源：老师布置的暑假作业太多，家长怒怼老师，7 万网友吵起来了……[EB/OL]. http://www.sohu.com/a/157023609_343936，2017-07-14/2020-08-18.）

案例二

7 月 8 日浙江在线—钱江晚报报道了一则学生家长的求助帖。其内容是一位家长因孩子所有科目都是 A，唯有音乐是 B。具体对话见截图。

张校长您好，放暑假还要打扰您。今天拿到了孩子的成绩报告单，其他各科都是A，唯独音乐是B。我比较焦虑，因为我们家没人懂音乐，孩子也没学乐器，她的声音本身也是个破嗓子。孩子说这次是考唱歌，您是音乐老师，比较专业，我们应该怎么帮她提高音乐成绩呢，这课还不像语数英，有作业，有辅导。我一想到如果到了四年级，成绩单要记档案，音乐再挂个B，真不是滋味。现在暑假体育都有作业，孩子们可以按老师要求去练，还可以练上去，可是音乐，我连音乐老师是哪位，上什么课都不太清楚。

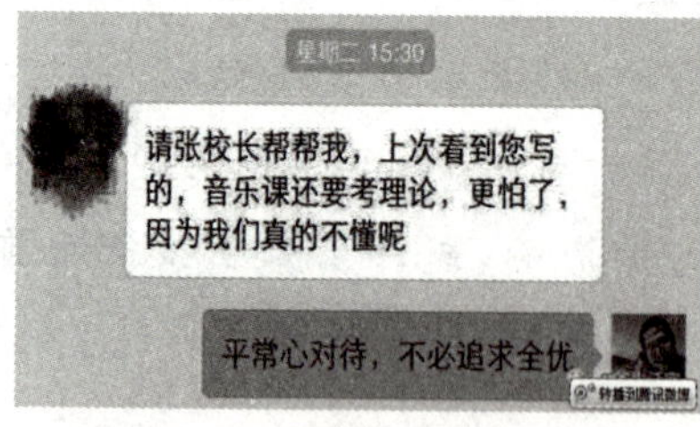

事实上，近几年每到放假，都会有家长因为孩子的音体美成绩而和老师交涉，前面微信中求助的这位家长算是态度端正的，还有很多家长是直接质问老师，咄咄逼人，并且明确要求老师把成绩改成 A(优秀)。

浙江在线-钱江晚报就曾报道过，就有一位家长和体育老师纠缠，硬逼着体育老师改成绩，把年轻的体育老师给气哭了这样一件事。

(资料来源：杭州老师被家长逼着改成绩，气哭了[N]. 浙江在线-钱江晚报，2017-07-08.)

案例三

《中国教育报》2017 年 7 月 16 日微信版转载自“中国教育研究”(微信号：hantopedu)一篇文章，题名是“家长，教育孩子的路上，您不愿与老师并肩，又能相信谁呢?”

文章认为老师与家长，作为孩子成长路上影响最大的两个群体，本有着相同的责任与使命——让孩子成才，但往往在孩子教育问题上频频出现不一致现象。其实老师和家长是可以团结与协作起来的，也只有让家校和谐，才能让学生真正受益！下面是老师们特别想说给那些对老师不甚理解、与老师沟通不多的家长的心里话。听听老师们的心声，真的对孩子有好处！

作为父母，应该了解教师的“疏忽，在所难免”，不要因为孩子在学校磕碰而火冒三丈。

不管你对老师有着怎样的误解，都请你相信，“专业，广大教师从没忘记过努力！”

世界上的人形形色色，无论是家庭背景、受教育程度还是人生观、价值观都存在根本的差异。因此，老师工作“抱歉，不能让所有家长都满意”。

或许有一天，她们没有第一时间回复你的疑问，请不要埋怨，“沟通与理解，家校和谐的不二法门”。

案例反思

案例一和案例二所描述事件的本身，让我们心中充满了阴霾，情不自禁地想要追问现在家校关系怎么会变成这样？

从孩子成长的角度看，家长和老师追求的是同一目标：孩子成长和幸福。由此不难理解家长支持老师，表明自己对教育的态度，从根本上说，是在呵护自己孩子！

在当下社会急剧转型的中国，孩子大多数被隔代老人或请来的阿姨帮带着长大。鉴于亲情和血缘关系，父母因工作关系，将孩子托付给爷爷奶奶帮助带的，做父母的省了不少心，也可以理解。但生活中很多父母都在反映请到合适的阿姨难，留住她们更难。电视剧中很多虐童事件使人们更加清晰地认识到，帮助带孩子的阿姨通常都很受家庭待见，非常被主人重视，提个什么要求都尽量满足。因为家长毕竟不可能 24 小时监督，担心阿姨“心情”不好，会影响她对孩子的照顾和态度。

但很多家长不曾移情性理解：老师的“心情”同样对孩子重要，不是对单个孩子重要，而是关涉到整个班级集体，不让一个孩子掉队，因此家长乃至整个学校应该拿出一点点对待家里阿姨的“小心”来对待老师，或许很多家校之间的冲突就不存在了。作为父母，自己照顾一个孩子已是含辛茹苦，何况学校老师要关照四五十个孩子，应该从情感角度去理解。老师这一队伍中有的具有教育孩子的热忱，但经验不足，一味从理性角度要求他们，自然会出现问题。而且当今的老师因社会的变迁和对人权的关注，其角色是多重的，事无巨细帮你的孩子打点得井井有条，也是挑战。再说孩子们偶尔“栽跟头”也是成长的需要！因此，不管是校园还是教室，孩子们磕碰是人之常情，也是孩子自我教育的重要内容；老师疏忽在所难免，但他们会尽力的！家长不要因为孩子在学校磕碰而火冒三丈，拿起手机就让老师给个说法。

很多家长都知道给自己带孩子的阿姨素质不是很高，平时的护理全靠“自律”，而老师都是受过高等教育，有责任感和底线的，另外，迫于教育局、校长的管制和规章制度的约束，相比于保姆阿姨不需要陪着“小心”。因此，很多家长一般谨慎地对待阿姨，但并不担心老师和老师的感情需求。家长情绪的波动会直接影响自己的孩子，老师的“心情”可能影响更大，关涉到一个班级的孩子。

一些年轻的教师本身就是独生子女，有的还没有成家，其工资不一定比保姆高。但是他们却要管理几十个被百般溺爱的孩子。对他们来说，这无疑是一大挑战。生活中，在家里被几个大人关照的孩子，尚且磕着碰着都难免，在学校或幼儿园里受了一点伤，家长应该给予理解吧。人吃五谷杂粮，生病是常有的事，家长不应该孩子一生病，就把责任推给学校或幼儿园，说什么照顾不周全，没有尽责。毕竟教育是一项信任的事业，一项以情燃情的工作。

生活中孩子表现出来的往往是家长品性，尤其是孩子的母亲。而这些家长形形色色，各有各的性格特点和生活方式，无论是在家庭背景、受教育程度还是人生观、价值观都存在根本的差异，因此对老师的工作要求也各不相同。事实上，老师们一直在寻找各种各样的方法让家长们满意，有时是力不从心的。很抱歉，老师不能让所有家长都满意。

在社会场域中，没有完美的家长，也没有完美的老师，老师要求所有家长都尊师重教，彬彬有礼，却也要理解那些动辄挑刺的“刺头”；应该保持独立个性，靠自己的专业自信不使工作中的“心情”被家长左右，更不能把负面情绪带到班级的孩子身上。家长也应该为孩子能够有幸碰到好老师而感到开心，是前世修来的福报。

教师是一个专业群体，受过高等教育，“没有底线”的老师毕竟是少数。家长们对保姆比对老师更陪着“小心”，是对教师群体的信赖与认可。但这要真切地体现在教育孩子的行为上。

很多家长没有接受如何做家长的专业培训，“任性”难免。但家长们作为有社会经验的个体必须明白，和老师关系越僵化，最后受伤的还是自家孩子，这中间存在一个联动反应问题。

用一个企业话语类比一下，如果把自己孩子成长看作一个企业，父母是真正的老板，老师充其量是职业经理人甚至是中层领导，企业的盈亏最后都是父母承担。作为老板的父母，“忽悠”好职业经理人，即教师们，让其产生的价值最大化，才是老板的职业领导力的表征。同时，老师这样的“职业经理人”，家长只有投诉权而没有选择权和处分权。但他们的专业追求，从未停止过。

但眼下教师资格认证一年严过一年，很多老师受到各方面因素的制约，已经形成严重的工作压力，感觉到工作难做。新时代的教师教育制度改革给老师提出了新的要求：够专业，具有责任心，才够资格！因此，通往专业的路上，广大教师从没忘记过努力，不断地进行专业反思，不忘初心地工作着！

家长和老师的相遇，是围绕完成呵护孩子成长的任务而默契地走在一起的，不是一般的偶遇，是缘分，也就是爱和信任的相遇。家长支持老师、信任老师，就是营造良好的环境，最终是在促进自己孩子的成长，让彼此之间的爱交融化作成就孩子的动力。要靠老师自身的职业素养和修炼，让老师满怀激情地投入对自己孩子的教育，但做家长的必须不断提升境界，基于理解理性，积极作为，增加社会正能量。

策略与方法

在知识经济时代，家庭教育是基于家庭活动与家庭成长通过多介质而展开的全民自主的终身学习和相互影响。因此，家庭教育是通过相互影响和激发来实现的。这里的相互影响包括家长与子女、子女与子女、子女与家长、家长与老师之间相互作用以及教育者、受教育者与各种媒介的互动。

1）正确认识家庭教育和学校教育的关系

家庭教育是学校教育和社会教育永远的背景和底色，两者是不能分开的。家庭教育是父母教给孩子学习和生活的方法

及态度，主要任务是引导孩子对世界形成正确的认识，树立正确的人生观和价值观，养成良好的生活习惯，因此，需要父母细心的观察和做出好的榜样，其中感染成为实现目标的主要手段。学校教育是有计划有组织的教育，是以知识和技能为主的教育，是形成核心素养的主要阵地，让孩子驰骋在知识的海洋，同时也是孩子求知解惑的好地方。因此，我们在看到两者差异的同时，还应该看到它们各自的优势和互补性。学校教育是针对大多数学生的共同教育，目的是提高整个集体的学习成绩，从而形成终身受用的关键能力和必备品格，很多规定和方法都是标准的、统一的；而家庭教育通过生活化的环境营造，满足孩子个性发展的需求。学校教育是珍贵的教育形式，是按照国家统一规定的教学目标和相应的教学内容，老师作为专业人员对于立德树人的理解和深入的程度是显而易见的，毕竟他们都受过专业训练。相形之下，家庭教育中家长对于知识的理解和认知程度比较浅，影响有时是碎片化的，也是潜移默化的，对孩子的教育方法是非正式的。但可以通过家庭的血缘性与师生的业缘性；家庭教育的一贯性和学校教育的阶段性；家庭教育的针对性和学校教育的团队性；家庭教育的灵活性与学校教育的模式性；家庭教育的无序性与学校教育的系统性；家庭教育的实践性与学校教育的智能性等方面实现互补。①

2）基于沟通与理解建立良好的家长和老师关系

沟通与理解是家校和谐的不二法门。首先，作为受过专业训练的老师要掌握与家长的交流艺术，在与家长互动时应语气

---

① 夏可树.家庭教育和学校教育的优势互补研究[J].济宁学院学报，2009，30(3)：94-96.

委婉，要报忧也报喜，不要等孩子犯了错误才去与家长沟通，甚至告状，平时要主动观察孩子成长过程中的亮点，及时向家长反映孩子的在校情况，拉近老师与家长之间的距离，这是大部分家长都愿意接受的。其次，要理解家长对孩子的关爱之情。在父母眼中自己的孩子总是最棒的。孩子在学校碰破一点皮儿家长都会非常心疼和紧张，此时老师要了解父母的角色认识其需求以及存在的问题，形成移情性理解，对孩子的评价要客观、公正，多说事实，不过度引申；对于中等及后进生的家长，老师要以一颗真诚善良理解的心去表现对孩子的关爱之情，从而增加家长对老师的信赖。最后，尊重家长，与家长保持平等关系，这是顺利和家长沟通并争取理解的必要条件。老师将家长视为朋友，尊重家长的意见，虚心听取家长对孩子教育方面的理解和建议，这是对教育的一种敬畏；对“刺头”的家长，老师要以平等而细致的耐心来对待他们的挑剔，动之以情，晓之以理，包容孩子家长不同的意见，以积极的态度理解他们的关切，应用正确的方法来减少家长的埋怨。这是教育情怀的体现。

作为家长也应该理解老师的辛苦，信任他们的专业素养和品质，能够爱自己的孩子，成为善解人意的好家长。

如果有一天，老师们没有及时接听你的电话，或回复你的疑问，也要给予理解和尊重，不要埋怨，相信他们可能正在上课或是忙碌，不是故意不接，或许没有将手机随身携带，而不是逃避责任，理解是沟通的桥梁；如果有一天，你的孩子在学校里磕伤、碰伤，家长不要因心疼孩子而动怒，应先了解情况，就事论事，理智地处理问题，并理解孩子在学校受伤，其实伤的是老师的心，毕竟很多老师都能将教育对象视为自己的孩子；如果老

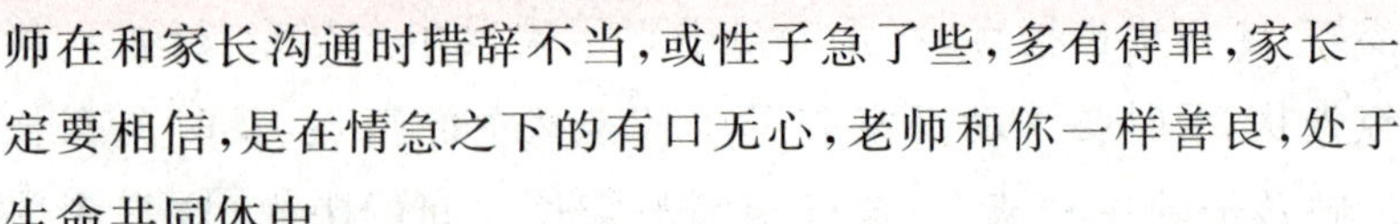

师在和家长沟通时措辞不当，或性子急了些，多有得罪，家长一定要相信，是在情急之下的有口无心，老师和你一样善良，处于生命共同体中。

生活中，老师和家长一样不希望孩子受伤。虽然家校矛盾不可避免，但不要轻易激化，发生冲突是相互伤害的，再优秀的老师也不能做到令所有家长满意，相信围绕孩子的冲突是可以通过理解加以调节的，家长们应相信沟通的力量，不失时机和老师就孩子状况进行咨询和互动。万事莫冲动，静下心来寻找有效的沟通之道！家校和谐了，你的孩子才会幸福成长，并形成良好的秉性！

3. 熊孩子和杀人犯之间，隔着家长而已

不要认为只有你同孩子谈话、教训他、命令他时，才是教育。你们是在生活的每时每刻，甚至你们不在场时，也在教育着孩子。你们怎样穿戴，怎样同别人谈话，怎样谈论别人，怎样欢乐或发愁，怎样对待朋友或敌人，怎样笑，怎样读报——这一切对孩子都有着重要的意义。

——马卡连柯

暑假回老家省亲，去了趟三姑家。一向靠发嗲表达的表妹和我老婆用另一种方式，晒出了自己对老公和孩子的幸福和满意："我老公他心很细，对家里事情都是百依百顺，平时也很辛苦照顾我们娘儿俩，但超级惯孩子！这样养出个熊孩子可怎么办呀。"能够听出来的是，满满地甜蜜，不由自主地开心，语气里

丝毫听不出担忧，言外之意是有这样的老公真是前世修来的福分，他们母子成为老公的掌上明珠，都被宠上了天，或许出于教育者的本能，我听了心头一紧，暗自思量，把熊孩子当成骄傲加以娇惯，以后有你的苦头吃。

案例呈现

案例

2017年7月3日那天，一个2岁小女孩的生命在长沙瑞都华庭小区戛然而止，原因竟被多数人认为是“熊孩子”的恶作剧。

2岁的莉莉与其他两个小孩子一起玩耍，进入了电梯，电梯的按钮原本是在9楼，其中一个5岁的小男孩却蹦跳着点亮了18层的按钮。电梯到达9楼的时候，三个孩子本来一起走出去，其后小男孩却将2岁的小姑娘重新抱回了电梯，并将她一个人重新关进电梯，带到了18楼。

电梯到达顶层开门的一瞬间，2岁的小姑娘本能地朝着外面的阳光走去，谁想到顶楼的护栏失修，莉莉一脚踩空，从18楼坠楼身亡。

再回看电梯里的监控录像，2岁的莉莉惊慌地拍打电梯门的画面，一阵心痛……

（资料来源：河北智慧家长. 2岁女孩因恶作剧坠楼身亡：熊孩子和杀人犯之间，隔着家长而已[EB/OL]. http://www.toutiao.com/i6441067365898650113/，2017-07-10/2020-08-10.）

案例反思

从古至今，孩子其实一直被认为是“纯洁、天真、善良”的代表，在中国已经进入独生子女占主流的时代，孩子成为家庭核心甚至全部。因此，人们习惯地以孩子年幼无知为由去原谅他们的错误，用每一个最边缘、最不伤大雅的借口去原谅他们的原始罪过，尽管这些罪过已经很明显、很恶劣。这个时代，“熊孩子”几乎成了一个无处不在的热门话题，这中间内含无奈和惋惜，当大多数人烦不胜烦时，依然还有人以“他还只是个孩子……”为其过失辩解；但是一个又一个血淋淋的例子告诉我们，社会其实给予了孩子太多超出社会承载能量的宽容，有些事不是一句“他还是个孩子”就能一笔带过的，“熊孩子”错误行为的“屡禁不止”且性质越来越令人发指，唤醒的不是家长的警醒，而是“熊家长”得过且过，继续骄纵，酿成的悲剧历历在目。很多家长不好好地教他们如何做人，他们自然就会成为“熊孩子”，“没关系，他长大了自然就懂了”，终究为他们的成长种下恶果，等他们长大成人，却成了杀人犯。可见，“无心之失”不能再被当作宽容孩子的理由，“熊孩子”和杀人犯之间不是空白地带，只是隔着父母而已。

策略与方法

家庭是社会的缩影，父母是孩子的第一任老师，带着深厚的血缘性。在孩子健康成长的道路上，父母责任重于泰山，不仅仅承担着对孩子的抚养，更重要的是父母对孩子人格的影响以及能力的培养。从接受教育的过程来看，家庭教育是一个人接受最早、时间最长、影响最深的教育，孩子一生的成长都离不开家庭的教育和影响，父母的言谈举止，声音容貌都会潜移默化地影响孩子。因此，要想培养出一个德才兼备的高素质人才，家庭教育是不可缺失的，而父母应该把握好自己的角色，确立科学角色期望。

1）正确认识家庭教育中自己的角色重要性

家庭是社会的细胞，是孩子成长的第一个摇篮、生活的空间和环境，儿童时期是人一生中最重要的启蒙时期。良好的自主性、坚强的意志品质，日常的合作意识以及融洽地和别人相处、较强的社会适应能力等，都要靠这一重要成长期奠定基础。孩子的心理是否健康、人格是否健全，需要父母营造良好的家庭教育环境，给予必要的心理辅导。父母在家庭教育中的角色是多重的，比如是孩子成长的监护人、第一任老师、孩子的知心朋友、孩子的学生、孩子的教导员。

2）教孩子什么事情应该做，什么叫令行禁止

生活中经常发现很多父母会告知孩子哪些事情应该做，但却忽略了什么不该做，甚至有的家长认为反面事例会影响孩子成长，以爱孩子为噱头，认为更多否定会制约孩子的行为，从而形成不自信和缩手缩脚的人格特质。殊不知，教育是正面教育和反面教育的整合，而事实上，反面教育效果会更好。案例中的父母成功教会小男孩儿如何使用电梯，却没有认真告诉他不要在电梯上嬉戏，更不会想到告诉他把 2 岁的小妹妹独自留在电梯可能会造成什么样的后果；实际生活中父母会教自己孩子

在危险情况下如何自保和自救，但很少告诉他们，这世界上有更多的事做不得，很多错误无法补救。因此，对孩子进行生命教育很重要，从小让其知道敬畏生命，才能保护生命。

笔者曾经历过这样一幕：在购物商场的电梯里碰到一个妈妈带着自己的孩子，在下电梯前，这个男孩突然推开众人，有意识地啪啪啪连按了几个其他楼层的按钮后冲出了电梯，还很自豪地朝大家得意地笑，成就感很强。那位妈妈没有制止，而是面不改色地默许了这一切。或许周围妈妈用"孩子顽皮"这样的理由原谅孩子的不良举止，忽略良好习惯养成的重要性，错失情境教育的机会。

3）教育孩子你可以选择不善良，但不能去伤害

人人向上提升为善；先天具有的判断是非与善恶的能力为良。因此，向善成为德育过程的重要目标。人在自我向上提升、自我完善的过程中，强化内在修为，有利于他人、利于众生而为众口所赞颂，立成品。但对孩子来说，笔者认为，他们可以选择不善良，但要以不伤害他人为道德底线。这是成人成事的基础和前提。善良是人遵循本性中正确方向能力，孩子的认知处于发展阶段，或许不具有这方面的能力，为己谋利自得其乐没有错，但这是以不损害别人利益为前提，这应该是做人最基本的道德底线。本案例的评说中不乏这样的说法："这不能全怪小孩子，主要还是物业失责。"不错，物业有责任，没有管理自己资产，但不容置喙的是，这分明是一次可以避免的悲剧，如果小男孩没有这个一时兴起的"恶作剧"，那 2 岁的莉莉第一次登上 18 楼可能是 18 岁时抱着画板上来写生……从根本上说，父

母没有教育好孩子是最重要的间接原因，若父母及时地呵斥或制止就能避免无辜家庭的丧子之痛。这值得广大家长反思。

4）父母要是非分明守原则

在“二胎”政策刚刚放开的当下，父母都把孩子捧在手心，满足孩子一切要求，非理性地服从孩子的“指令”，生怕他们受到委屈，心甘情愿地为孩子包办一切，以为这样就可以帮助孩子。这种错误的认识不利于孩子的成长，容易错失教育机会，实际上这种想法和做法都是片面的。父母爱孩子是人之常情，对于孩子有着血浓于水的亲情，天经地义。但任何事情都是物极必反，要把握好分寸，过分的溺爱不利于自主和独立精神的培养，强化孩子依赖心理，动手能力和处理问题的能力就会很差，缺乏是非判断能力，独立生活能力差，很难适应社会，遇到压力容易退缩，不思进取。社会上被娇惯的孩子上了大班还不会用筷子，都是家人喂饭吃的现象屡见不鲜；整天在家里吆喝着，把家人当佣人使唤，一点也不懂得尊卑也是存在的；一有不顺心的事情，便埋怨父母，甚至哭闹、辱骂父母的孩子不乏其人。父母要敢于对孩子说“NO”，对于孩子的不良言行要及时纠正，否则难以培养孩子的规则意识、合作意识和尊重意识以及必要的敬畏心理，这样做的目的也是让孩子更好地适应这个社会，避免孩子在青少年时期出现问题行为及暴力犯罪。有人说孩子是祖国的未来，是希望和“种子”，教育就是为孩子提供适合生长的土壤，父母就是撒播阳光和雨露的呵护者，要帮助孩子茁壮成长，走向成功，还必须严格要求，敢于并及时纠错，去除不良嗜好，让孩子找到属于自己的一片天，活出自己的精彩。

4. 年龄最小的贪官引发的思考

用罪恶手段得来的权力决不会被用于正当的目的。

——塔西佗

当前，人们讨论最多的政治生活内容就是腐败，腐败又因此成为人们最痛恨、最不可接受的。这源于腐败分子前赴后继，涉案人员级别越来越高，涉案金额越来越大；源于腐败给个人、家庭、社会、党和国家都造成了巨大的危害；也源于人们对党和国家的信任和期待以及自党的十八大以来的反腐彰显出中央前所未有的坚决意志和零容忍态度。在各级纪检从严执纪问责的力斧之下，受到党纪政纪处理的有省部级乃至副国家级的“大老虎”、厅局级、县处级和科级及以下的“小老虎”，甚至有比芝麻还小的“村官”，但最近央视曝光我国最小的“贪官”是年仅 13 岁的副班长。这不得不引发人们进一步深思。

案例呈现

案例一

这是电视剧《人民的名义》中，陈海的儿子小皮球和现任反贪局局长一段对话，也是发生在学校的行贿事件。

我花了15元钱，买了个替补队员，也没有补上，是队长和副队长向我要的。队长要10元，副队长要5元，我们六个替补都交了钱，其实都白交，都没轮上。

得了吧，猴子叔叔，谁认你反贪局，现在没钱真的办不成事儿。

小皮球是“红三代”，根正苗红，而且出生在反贪世家，这种背景下一个10岁孩子的一句话：“不花钱办不成事，现在都这样。”却将现今的腐败行贿视为理所当然的正常现象。

在操场上，小皮球又“爆出”了一个现象：

我们班里都在做生意，我们班学习委员监督我们背书，交5元钱就让我们“过”。

他（学习委员）可赚死了，当了一学期的学习委员，就赚了600多元。

班上的学习委员利用职权，借助监督同学背课文，交5元钱就让“过”；班上的同学要抄他的作业，也是一人收5元钱……这样的“金钱交易”以前只在剧本里表达得淋漓尽致，可现在却是活生生的现实。

案例二

事情发生在安徽怀远县火星小学。该小学位于城郊，多年前因为发展工业区拆迁，搬到了现在的地方。这些年，这所小学里的很多学生陆续转学，在读学生越来越少，也因

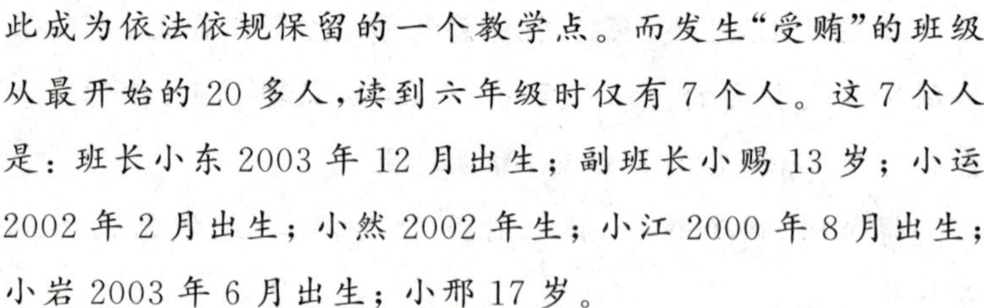

此成为依法依规保留的一个教学点。而发生“受贿”的班级从最开始的20多人，读到六年级时仅有7个人。这7个人是：班长小东2003年12月出生；副班长小赐13岁；小运2002年2月出生；小然2002年生；小江2000年8月出生；小岩2003年6月出生；小邢17岁。

这所小学的副班长小赐个头矮小，兼语文科代表，拥有检查作业、监督背书的权力，而他把这点权力运用到了极致。按照其他学生的描述，每次背书时，同学们必须拿钱，拿了钱，过不了关也能过；不拿钱，过得了也不能过。同时他还根据每个孩子向家里拿钱得手的难易程度，以及各家的经济状况，制定拿钱的数量。家庭经济条件好的学生，钱来得容易，那就要求多拿，反之就少拿。到事发前，这位“班副”在五年多内硬生生地从6个零花钱只有十几元的小朋友手里搜刮出两万多元，平均下来一年靠此项收入4000余元，不得不令人叹为观止。

更令人匪夷所思的是，他多次利用检查别人作业等工作之便，以促进学习进度为由，逼迫学生吃屎喝尿。迫于“权威”影响，他上学，有专门的孩子骑车接送（自行车），设有专门财产保管、指定“会计”、专人买早餐……这个7个人的班级，小赐就像是国王陛下。

事件曝光后有关“不拿钱，作业检查肯定过不了”这一点，有学生家长曾经怀疑过：因为每次老师布置的作业家长都亲自督战，儿子回家后，写了整整两个本子并通过家长检查。但居然接到了被蒙蔽的老师的电话:“你家小然作业又没有写!200个字,就有180个字写错!”“当时由于事务多,不够专业,就没有往深处想,现在想来有点后怕。”这位家长这样反思道。

纸里终归包不住火,“每次背书时,孩子们必须拿钱给小赐。不给,则会喝尿吃屎”被曝光,家长们找到学校,把情况汇报到了当地教育局。校领导召集了双方家长在学校见面,这位“班副”对所指控事实供认不讳,小赐父母表示要归还孩子们的钱并将孩子转到其他学校就读。警方介入调查认定事实后,教育局作出处理:撤销班主任顾利珍的教师资格,调离火星小学,撤销校长职务,调离火星小学。

(资料来源:央视曝光我国年龄最小“贪官”出炉,内情引人深思![EB/OL]. http://www.sohu.com/a/231333855_538826,2020-05-12.)

案例反思

事情真相大白之后,案例中受害学生们的家长开始纷纷自责。发现孩子老是偷钱因此遭受毒打,现在心痛之余“恨”孩子为什么咬定钱丢了,而没有说出实情。

有两位家长似有悔意地说:若能在发现了孩子偷钱、骗钱,并及时调查清楚这些行为背后的原因,或许孩子受到班干部霸凌的事情能更早更快地水落石出,孩子们也不会遭受这么多威胁和委屈了。

有位妈妈因打孩子太凶狠,孩子奶奶还报过警。有的孩子可能因为的确没有能力完成作业，怕被老师批评或找家长，交钱过关也是一个解决问题的办法，但已经完成作业的孩子为什么也都变得沉默，不敢说话，不敢直视父母的目光？当调查人员问学生："喝尿的事为什么不告诉老师或家长？"他们的答案有个共同点：怕。这是畏惧还是懦弱？真正悲哀的是：这五年里这些孩子一次也没想过反抗。

学生家长多从学校霸凌角度思考这两个事件，但事件中的受贿情节直接原因是，老师遵循逻辑，把检查背课文和完成作业的权力交给了学生干部，这些"干部"靠班主任授予的权力索贿。可能从最初的几块钱，到后来的几十元上百元，再到上五年级时达几百元。案例二中一位已转学的女孩子称，最多的一次从家里偷了800元给"班副"；案例一中的替补一件事情由两个"领导"索贿。

在中小学校园里，班干部是班级领导，是班主任的直接代理人，是联结学生和任课教师的纽带，拥有着班主任赋予的"最高权力"。在一个班级小社会，这些"权力"包括了检查作业、背书情况、汇报班级同学学习情况等，这种由"权力"产生的"利益"可能让孩子纯真的心灵变得复杂，构建了滋生各种各样"腐败"的空间。

孩子刚开始可能是出于对班干部的向往才参加竞选，但往往为了争夺班干部的职位，又出于对权力的崇拜，极有可能使这种权力"变味儿"了。小皮球的爷爷（陈岩石）道出了"班级领导"腐败的根源："还不是大人世界出了问题，影响了孩子？"事实上，"官本位"思想从社会蔓延到了中小学，使得小学生精神世界受到污染，沾上“官本位”的鱼腥味，让义务教育蒙羞，值得反思。《南方都市报》记者曾做过随机采访发现，80%的孩子表示，当上班干部才能引起老师重视、同学尊重，还有家长的表扬，更有机会获评区级、市级“三好学生”。

假设把两个案例中当事人都看作成年人，这无疑成为值得纪委注意的“大老虎”。说一句言之过甚的话，营造不敢腐不想腐的局面，看来要从娃娃抓起。学校、家长、副班长、社会以及学生都有自己的问题，彼此紧紧地纠葛在一起，才酿成了这一次悲剧。该校并没有及时发现欺凌事件，疏忽于认识不足，在家长反映情况后也没有积极处置，有失职的嫌疑。

在案例二中，学校领导和相关责任老师被撤职了，但这件事情并没有彻底得到解决。因受到伤害和威胁而产生了心理阴影的孩子们该如何站起来，提高是非意识？事发后班主任矢口否认班级里存在贪污、威胁现象，家长们该如何给孩子讨回公道？班干部滥用职权、班主任玩忽职守在平时教育教学管理中绝不是个案，这种局面如何改观？

中小学班干部常见“腐败”方式主要表现在：①“贿选”。为了在班干部竞选中获胜，或当选中队长等“职务”，利用物质、施与小恩小惠，“刻意”帮助“选民”，博取其他同学的“好感”，为自己拉票，不惜买零食来“贿赂”，经常把作业借给其他同学抄。更有甚者，家长亲自出面帮孩子拉票，托关系、走后门，给小评委送礼物或承诺当选后请客。②“滥用职权”。没有被请客班干部将某同学列入不守纪律的“黑名单”；“豁免”和自己关系好的同学迟到、违反纪律行为；平时多关照和自己关系不好同学的“错误”行为。③“收受贿赂”。班长及班级委员可以经常获取同学送的漂亮钢笔、高级水枪和其他礼品等。

策略与方法

中小学生班干部制度本来是维系班级运作保障，社会思维方式让学生干部“官味太浓”，也因此受诟病已久。为解决因班干部特权引发的贿赂问题，在实践中摸索出一些有效举措。童话大王郑渊洁曾发微博建议取消中小学班干部制度，让所有孩子平等成长。为了避免这些丑恶现象影响孩子心理健康，可以尝试班干部制度的创新，如干部普及制和轮换制。

武汉市洪山区楚才小学为了强化“责任意识”而非“特权意识”，使得每一个成员都成为班干部，包括黑板管理员、餐具管理员、窗户管理员等。很多学校尝试了小学班干部轮岗制，秉持机会均等原则，通过“抽签”“竞选”“推荐”“按学号轮流”等方式轮岗，避免不必要的麻烦，让每个学生每个学期可以轮流上一个干部岗位。

也有些学校让每个孩子都担任一日班长，也设置了“一日班长”岗位，处理班级事务。

实践证明，班干部轮流是中国教育思维方式的一种突破和希望，折射服务本位意识，使孩子们从小就明白每个人都应该有自己的担当和责任，学会服务于他人。

2016 年 4 月 28 日，国务院发布了《国务院教育督导委员会办公室关于开展校园欺凌专项治理的通知》，其中明确要求学校应当积极做好预防，及时调查、发现校园欺凌事件，严肃处理实施欺凌的学生。①

(1) 防止霸凌要从孩子品格教育抓起。平时教育教学活动内容应该包括社会交往技能的传授、平等和关系意识、良好习惯的养成、同理心训练、阳光气质、智慧的启发等，强化正确的待人接物方式，利用案例教育孩子什么是和谐和友爱。同时，提供社交情绪管理技能训练、角色扮演、尊重别人的权利、避免和应对欺凌的技能训练等，确保不欺凌别人，也不被别人欺凌。

(2) 建立良好的亲子关系，满足孩子爱与归属的需要。强化“不可以打人”“不可以抢东西”等文明行为教育，强调宽恕、容忍品质教育的重要性，耐心而坚定地教给孩子更文明、公正、有效的社交方法，学会表达意愿和向大人寻求帮助。告诉孩子一旦在学校遇到霸凌，要及时报告家长，寻求家长帮助，而不是独自忍受和承担，对霸凌别理、别怕，要勇敢说“NO”。同时，作为家长，要以身作则，自己不能用身体暴力和语言暴力去攻击孩子，从而防止自己的孩子成为霸凌者。

(3) 家校合作建立完善的反霸凌标准和机制。家长和学校要通过各种途径和各类非正式学生组织和团体，充分了解生活中存在的校园霸凌行为，强化非正式学生组织建设，加强对霸凌行为多发场所的监管，教师尤其是班主任要就此对家长进行

---

① 国务院教育督导委员会办公室关于开展校园欺凌专项治理的通知(国教督办函〔2016〕)[EB/OL]. http://www.moe.edu.cn/srcsite/A11/moe_1789/201605/t20160509_242576.html,2016-05-09/2020-06-09.

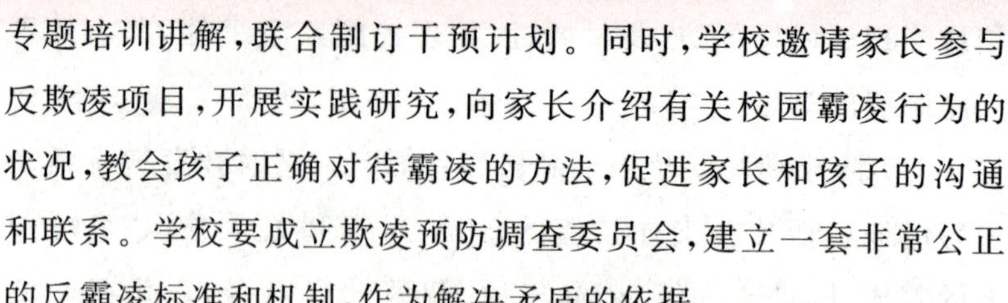

专题培训讲解，联合制订干预计划。同时，学校邀请家长参与反欺凌项目，开展实践研究，向家长介绍有关校园霸凌行为的状况，教会孩子正确对待霸凌的方法，促进家长和孩子的沟通和联系。学校要成立欺凌预防调查委员会，建立一套非常公正的反霸凌标准和机制，作为解决矛盾的依据。

（4）强化行为干预。①家长、老师和社会都要认识了解校园霸凌行为知识及其危害性，并掌握一些具体干预策略，增强学生在学校的安全感；②家长要教育孩子有问题及时和敢于向可信的成年人报告，例如，班主任老师或任课老师，老师要自觉提高应对和解决校园霸凌行为的意识和能力；③家长要教育孩子勇敢地拒绝不良欺骗，学会用坚定、礼貌的语言，改善学生之间的关系，训练学生的行为。

拒绝和遏制霸凌行为是社会综合行动，需要社会不同层次的参与和支持，通过加强对学生的品格教育、控制力教育，家长和学生应掌握正确处理霸凌、行为干预等措施，形成一种和谐民主的社会氛围，使学生的认知、情感、行为方面均受到熏陶，这样才能克制霸凌行为，营造良好的学习环境。

5. 富人家的“穷二代”和穷人家的“富二代”

世界上只有一种真正的英雄主义，那就是认清生活的真相后依然热爱生活。

——罗曼·罗兰

中国已改革开放40多年。这期间伴随着经济的发展，当下的社会，“富二代”自然衣食无忧，生活优越。但在人们印象中，常常伴随着好吃懒做、挥金如土、不求上进、行为乖张，甚至是飞扬跋扈。但是目前随着新生代问世，尤其是许多随着工资收入提高而相对富起来的工薪阶层家庭鉴于传统观念也把自己的孩子当“富二代”养，宁可自己生活节俭，也要尽量满足孩子的奢侈要求：手头的包包只用GUCCI、LV等名牌，手机、计算机非苹果不要，衣服鞋子一定要耐克、阿迪以及Play等。关爱下一代是中华民族的传统美德，值得弘扬，而一旦超出一定范畴，失去了对度的把控，对孩子的过分溺爱却使问题走向极端了，父母的这种无微不至且超越能力的“呵护”，对于孩子们来说，无疑是一味“毒药”。

案例呈现

案例一

有这样一个家庭，三口人，夫妻俩起早贪黑靠经营着一家小型超市而相对富裕起来，女儿在上海读大学。由于电商的发展，“互联网+”的问世，网店的日益发达，超市生意很难做，经营起来问题多。这对朴实的夫妻一个月忙下来，除去店面房租和各种税收等必须支付的开支外，所剩无几。为了节俭度日，两口子平时节衣缩食，只有来客人或者女儿在家时才做点荤菜，改善一下生活。但是上大学的女儿，第一

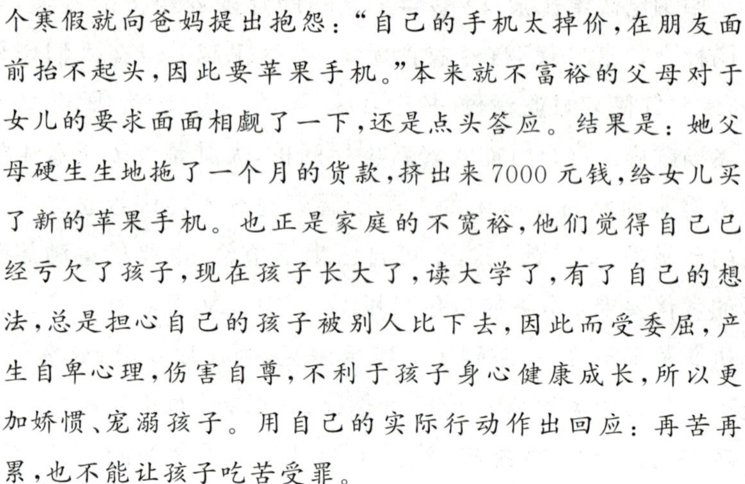

个寒假就向爸妈提出抱怨："自己的手机太掉价，在朋友面前抬不起头，因此要苹果手机。"本来就不富裕的父母对于女儿的要求面面相觑了一下，还是点头答应。结果是：她父母硬生生地拖了一个月的货款，挤出来7000元钱，给女儿买了新的苹果手机。也正是家庭的不宽裕，他们觉得自己已经亏欠了孩子，现在孩子长大了，读大学了，有了自己的想法，总是担心自己的孩子被别人比下去，因此而受委屈，产生自卑心理，伤害自尊，不利于孩子身心健康成长，所以更加娇惯、宠溺孩子。用自己的实际行动作出回应：再苦再累，也不能让孩子吃苦受罪。

案例二

有一天，去朋友公司谈事，无意中聊到学校学术团队建设的重要性。但没有想到的是朋友困惑地说："现在世道真的变了。"我便问及原因。他说："以前总觉得穷人家的孩子能吃苦、有责任心，能担当，懂事，事实往往也的确如此。但现在不是这样了，穷人家的富二代太多了！他们不仅视野有问题，大部分还不思进取，颇有衣来伸手、饭来张口之态势。简直不敢招家境不好的员工。"

他说他有一个来自单亲家庭的员工，从小跟爷爷奶奶长大。隔代亲的缘故吧，虽然爷爷奶奶家里很穷，但他们总是倾其所有地关照自己的孙子，只要有10元钱，就把10元钱全花在他身上。再穷也不能穷教育，再苦也不能苦孩子，宁愿穷了全家，也不能穷了孩子，是他们的教育理想。这样他习惯了伸手讨要，养成了好吃懒做的坏习惯，衣来伸手，饭来张口，缺乏感恩心理，工作中成了“月光族”，甚至是今天花明天的钱，消费远远超出他的能力。更要命的是，他逐渐养成一种观念：我穷我有理、我弱我有理，责任心几乎为零，合作意识极差，这种心态让同事对他意见很大。离职前，他表情游离，不骄不躁，若无其事，不经意间说了一句：“特别想我爷爷，昨天在路上看到有个人很像他。”

对他来说，长大成人不是自然而然的事情，而是一种凌厉的痛，这意味着宠爱他的人随着被宠爱人的长大而变老，也因此会失去依仗。

案例三

暑假中，我办了一张健身卡，每天下午去一个健身俱乐部玩儿，有个十几岁的男孩因为长相标致而进入我的视线。每天训练完毕，别人都走了，他却帮教练收拾好器材，因此给我留下深刻印象。在攀谈中获悉，他每天早晨 6 点半起床，先乘公交车到地铁站，出地铁还要步行 700 多米来训练健身。从健身房出来再去另一个地方打篮球。进一步熟悉后得知，他要去美国留学，因担心体力跟不上，不能适应异乡生活环境，怕其他孩子疏远他，于是出来坚持拼命练习。

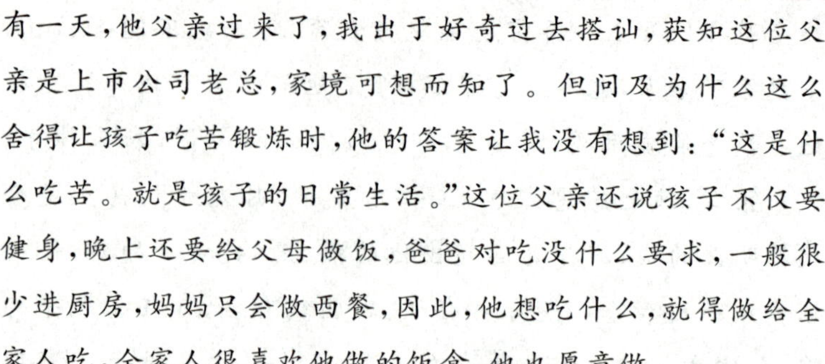

有一天，他父亲过来了，我出于好奇过去搭讪，获知这位父亲是上市公司老总，家境可想而知了。但问及为什么这么舍得让孩子吃苦锻炼时，他的答案让我没有想到："这是什么吃苦。就是孩子的日常生活。"这位父亲还说孩子不仅要健身，晚上还要给父母做饭，爸爸对吃没什么要求，一般很少进厨房，妈妈只会做西餐，因此，他想吃什么，就得做给全家人吃，全家人很喜欢他做的饭食，他也愿意做。

如果不是他的父亲讲述自己家境和孩子的故事，我会把"穷人的孩子早当家"安到他头上。

案例四

我有一个朋友，家庭条件很一般，住在城郊的民房里，老旧潮湿，又窄又小，从一楼上二楼，要从一个很陡峭的楼梯爬上去。但他却让自己女儿过着很"高级"的生活。刚刚工作的女儿嫌单位盒饭难吃，每天午餐都到单位附近饭店吃，下午还订一杯十几块钱的奶茶外卖。平时总是邀请同事吃人气很高、价格也很昂贵的餐厅食物。在旅游中，从不吝啬钱购买物价虚高的食物和纪念品，花钱如流水。她感觉不好吃的东西，不管多昂贵，尝一口，吐出来，嫌恶地皱皱眉，扔了。

别人劝他，作为父母要教育孩子节俭，让她花钱别太大手大脚。他都用"女孩子，要富养""出来玩儿，就一定要开心，别太在乎钱”这样的话来搪塞，似乎劝他的人对自己孩子太狠，不负责任，倒显得太抠门太小气了。

有一次，笔者受邀到他家做客，情急之下，要借用他家卫生间，勤劳朴实的奶奶不忘嘱咐我，要用桶里盛的洗过拖把的水冲厕所，节省水费。这位奶奶及她的爸妈吃饭时说，不指望孩子赚钱养家，赚的那点工资，够自己吃穿用就好了。对她提出买车的要求也满口答应。就这样节俭的家长把自己靠小生意积攒下来的积蓄，尽数交给她，任由她挥霍。面对这些，我只能笑笑，让我想到一句印象很深刻的话：父母尚在苟且，你却在炫耀诗和远方。

案例反思

在新时代的中国，像案例一和案例二这样的家长实在太多了，这是时代变迁的产物。家长凭借对孩子所谓的“爱”，不顾家庭资源的差异和困境，不遗余力，倾尽所有，百般呵护，让孩子享受最好的待遇，维系孩子自尊而自己吃糠咽菜。事实证明，很多挨穷挨怕了的父母心理阴影难散，希望孩子超越自己，不再步自己的后尘，宁愿自己受苦受累也不能苦孩子。家长在家庭条件不优越的情况下能坚持让孩子受教育，这是在尽家长的责任，但以爱为借口，或者将自己无法实现的愿望强加给孩子，而忽略他们的成长规律和需求，往往适得其反。在孩提时代，不让他们做家务活，只需专注读书，两耳不闻窗外事，失去生活自理能力以及对生活真实的体验，于是大多数孩子都过着一种极其享乐的生活，结果养出了“白眼狼”和“啃老族”，四体不勤，五谷不分，衣来伸手，饭来张口。用着最新的电子产品，穿着时尚的大牌，但随着中国经济的发展，尤其城市新中产阶级的崛起，言正行端、吃苦耐劳的“穷二代”越来越多。与之相反，穷人家的孩子却沾上了传统“富二代”的毛病。现如今像案例三中那样的父亲能够严格要求孩子，让孩子养成勤劳、坚毅而又自知的家长太少了，也验证这样一句话：富人都是真正苦过的，他们吃苦是一种财富，而不会觉得让孩子吃苦是很大的问题。

20 年前，经济条件一般或不富裕家庭往往勇于承认自己的不足，能够保持清醒：家境不好，或许逆境也能够成才，孩子要多扛责任，自强自立，因此才有“穷人的孩子早当家”的认同。而如今，各种创富神话，甚至一夜暴富冲击社会各个阶层，而那些没有创富的人往往归因于命运不济、社会不公等外在原因，因为内心失落或看不到希望，只能抱着补偿心理，以打破阶层固化为噱头，对孩子倾尽所有来修复和填补内心的失落，这就直接造成了一个恶果：家境越不好，越容易把正常的教育当成吃苦，并固执地认为让孩子吃苦可耻，从而忽略孩子发展的自主性和成长性。

长此以往，不曾也不能吃苦的孩子，会变得更加脆弱，养成好吃懒做的坏习惯，强化了依赖性，没有担当和不知感恩。“一旦运穷福艾，颠沛生于不测”，只能怨天尤人，不能自保。因此，这些穷人家的“富二代”只会使家庭变得更穷，从而真正坐实了“寒门再难出贵子”的定论。

家境不富裕的家长对孩子的溺爱除了补偿心理作用以求得自我安慰外，还限于自身的眼界，在教育观念上认为只要学习好就行，而忽略孩子的成长是一个涉及多方面的过程。一些家长默许孩子从来不打扫卫生、见到陌生人不打招呼，缺乏基本礼仪，这些事情跟成绩没关系。这样做的直接后果是导致孩子缺乏社会责任感，社交能力差，意志品质也因此得不到锤炼。走上工作岗位，缺乏创造性和担当，做事不动脑筋，出问题就想推卸责任。就孩子自身而言，他们从没把自己当成一个完整的人，更没有责任意识和团队精神，没有对某个综合性项目负责的勇气，甚至一些生活琐事都在幻想后面有为自己收拾战场的家长。

就社会影响因素而言，穷人穿100元钱的衣服就是穷酸，富人穿同款就是节俭；贝克汉姆的儿子去咖啡馆打工就是励志，穷人家孩子去打工是赚零花钱。真是人言可畏。在这样的现实社会中，贫穷的父母往往为了培养孩子过剩的自尊，不让别人说自己的孩子是穷人。结果是贫穷家庭的这种自尊教育，让孩子特别“晚熟”，失去了在真实生活中历练的机会，疏远了社会，与此同时也被社会所抛弃。然而，自尊是虚无的，生活是现实的，虚荣不能成就眼前的生活，更不能帮你度过一生的时光。当同龄人已经体验生活现实，练就一身本领，并踏踏实实为一日三餐、十年后的愿景打拼，那些所谓的“富二代”却抱着热乎乎的自尊心和理念，茫然不知何为奋斗，暗自将成功人士的派头视为成功。因此，作为家长，不要助长孩子的受之无愧感，而要教导孩子懂得感恩。

贫富差异，本质上是教育的差异；阶层固化，本质上是思维方式之殇。当富人已经转变教育方向和思维方式，根据社会对复合型人才需求而培养自己孩子的适应和创新能力时，穷人却走起了多年前富人的弯路。忘了告诉孩子一件事：生活的幸福靠的是坚强的意志和过硬的本事。结果，富人家的"穷二代"越来越富，而穷人家的"富二代"却越来越穷。更可气的是，很多父母尚在苟且，他们的孩子却在炫耀诗和远方。

策略与方法

在林青霞人生处于最低谷时，著名的圣严法师送给她八个字以共勉：面对，接受，处理，放下。正是这八字方针使林青霞走出迷雾，踏上成功的轨道。而这八字方针同样适用于家境不如意的家长和家庭教育。

"面对"就是说为人父母真正的成长，是能够正视自己的缺点和不足以及人生的失败，客观地反思贫穷的原因。家长坦诚面对自己的不足，比故作坚强更有威信。我的父亲是一个冷傲坚强的农民，曾经总结自己赚不到钱的原因时认为不是才华和努力不够，而是个性太强、处事不圆滑，并不断反思这个问题。这样的归因深深地打动了我，以至于我大学就开始看心理学的书，并特别重视修炼情商，阅读各类哲学及励志方面书籍，以便修复父亲身上贫穷的成因。值得庆幸的是，我已经走出偏执的怪圈，靠自己的能力走出所谓阶层固化。

"接受"是指"对事物容纳而不拒绝"。张天翼在《华威先生》中说："我想你们诸位青年同志一定会接受我的意见。"有人说，生命里有门功课，名叫"接受"：接受爱的人离开，接受喜欢的人不喜欢自己，接受生活给自己的挑战和冷遇……"接受，是变好的开始"，无论活多大，每一次在"接受"面前，我依旧像个只会号哭的孩子。家长要教育孩子学会接受，让孩子接受生活的困难与艰辛，接受和别人的差距，并督促其通过努力加以改变，同时教育孩子珍惜馈赠与财富，引导孩子勤奋，才是对孩子最深邃的馈赠。教育资源差异，也比不过父母心态的差异。给孩子再好的教育，都不如让他亲自去感受一下成人世界的"不容易"！

在生活中，物质越充裕，精神越疲敝；精神疲敝时，创造物质的脚步自然会停歇。因此，无论是富有的还是贫穷的家长首先要教会孩子辩证法，学会处理物质和精神之间的关系。在生活的艰苦面前，学会抛弃怨天尤人、自暴自弃的意识，而是要坦然面对，自立自强。正如曾国藩所说："子侄除读书外，教之扫屋、抹桌凳、收粪、锄草，是极好之事，切不可以为有损架子而不为也。"曾公所言的"为"和"不为"就是要积极参与和处置生活中的事情和情感。毛泽东在《改造我们的学习》中指出："任何一个部门的工作，都必须先有情况的了解，然后才会有好的处理。"可以说处理是讲究方法论的。在家庭教育中方式方法也很重要。例如，我们要求孩子勤苦俭约，不能靠说教，像祥林嫂一样，天天跟孩子诉苦和抱怨，这么做会把贫穷感和自卑感深深植入孩子的心中，挥之不去。

佛说，放下了，便是拥有了。所谓的放下，就是去除你的得失心、执着心，万物皆为我所用，但非我所属，不绝望于人生之苦，也不执着于人生之乐。贫困家庭中的家长也要学会自己放下，放下“当别的孩子要什么有什么时，要求自己的孩子勤苦俭约，会不会影响健康快乐成长”的疑惑。教会让孩子放下，因为穷人家孩子最容易犯的错，就是因为穷，所以要放下“穷”的意念，不为其所困，才能看得远，不怕自己给家人添乱，主动拒绝外援。那些回到小地方的人，都很难再去远方；而那些留在远方的人，都很少后悔没回小地方。对于穷人家的孩子来说，有一种孝顺，是强大你自己。深信再大的磨难，只要人活着，肯勤劳，就有转机。条条大路通罗马，不要不付诸行动地跟住在罗马的人比，只有靠积累的每一分努力，才会一天天走近罗马。

二、认知能力

认知能力是孩子成功地完成学习和生活实践最重要的心理条件。它指接收、加工、储存和应用信息的能力，包括知觉、记忆、注意、思维和想象等方面。在信息时代，认知能力还应该包括高阶思维能力，如评价和创新等方面的能力。美国心理学家加涅提出言语信息、智慧技能、认知策略三种认知能力。在家庭教育中，孩子从“认人”“怕生”到开展各种学习和社会活动是认知能力发展过程中重要的变化。因此，家长应多给孩子创造外出活动、与人交往的条件，并随着年龄的增长，不断地扩大认识及交往范围，增强感知能力和记忆能力，甚至解决问题的能力。

1. 听话教育制约了孩子批判性思维的发展

我面对从未遇过的权威，我并不喜欢。他们(校方)差点害惨我，差不多将我的所有好奇心扼杀了。

——乔布斯

长期受中国传统文化的影响，很多家长形成思维定式：听话的孩子皆是好样的。于是小到衣食住行，大到人生十字路口的重大选择，择业择偶，家长都在要求孩子听话，孩子也在为了实现“乖孩子”的目标而奋斗。经常能看到这种情形：

“儿子，听妈妈的话，喝了这碗汤。”

“今天我不想喝。”

“乖，这碗汤可有营养了，妈妈专门为你做的，喝了。”

“好吧。”

“你听妈妈的话，我们的大学报考志愿选 IT 专业，有前途。”

“可是我喜欢学医。”

“做医生辛苦，像妈妈这样每天早出晚归的，累坏了，偶尔还有医闹。”

“那，我听您的。”

在这种“听话”式教育下，孩子终于变成了家长满意的模样，找到了家长觉得好的工作，甚至娶了家长喜欢的姑娘。

我们从小所接受的教育，都是在教如何做一个听话的乖孩

子。但一个人无论想要做成什么，想成就什么，都需要强大的心理能量的驱使，而太过听话的孩子因缺乏批判性思维品质，通常不具备这样的能量，因此家长控制的教育会压抑孩子的自然生长和天性，逐渐成为一个被动、失去批判性和反思性的平庸之人。

案例呈现

案例一

童年时的玩伴喜子从小就听话，很少闹腾，读小学时每年都被评为“三好学生”。读初中时他奶奶希望孙子能够听话，成绩更上一层楼，便强化了“听奶奶的话”意识的灌输。有一次放学回来，同班同学告诉喜子奶奶说，喜子上课时拉裤子了，熏得课都没法上了。

奶奶很奇怪：“孩子都这么大了，怎么会呢？”

晚上回家一看，果然，身上还臭烘烘的。

奶奶问道：“孩子，怎么拉裤子了？为什么不报告老师？”

孙子答：“中午吃多了，上课怕耽误听课，憋不住了就拉裤子了。”

奶奶追问：“忍不住为什么不告诉老师，可以去厕所啊？”

孙子答：“可是老师说上课要注意听讲，这节课内容重要！您也常说，在学校要听老师的话。”

看着孙子一脸虔诚，奶奶一时愣住了，针刺一般，让孩子听话，结果却闹出这样的笑话，想到孩子就不能变通一下？

案例二

孙晓云说："中国父母最难能可贵的一句话就是：'孩子，你自己怎么想？'"真的是极少有父母在遇到问题时，主动和孩子交流。

继《虎妈猫爸》家庭教育剧之后的《小别离》中，妈妈童文杰在没有进行沟通的情况下，给女儿朵朵请了一位英语老师。当好心的妈妈告知此事时，立马被朵朵顶了一句："妈，你请老师的事情和我商量了吗？你能不能尊重我一点？"

（这一回应从某种程度上说明，朵朵不是大多数妈妈心目中听话的孩子。）

这位英语家教工作很负责，在应试方面也很有经验，但教学方法太死板，朵朵听不进去，爸爸方圆将自己的徒弟周佳成"聘"为朵朵的英语老师。这位美女老师自幼生活在美国，接受美国活泼多样的英语教学方式，富有深厚英语文化底蕴，第一次上课，就让朵朵看《暮光之城》的英文版。这一改变让朵朵很开心，英语学习的兴趣一下子就上去了。

但这种教育方式被朵朵的英语老师否定了，考虑到家教也要应试，妈妈直接把周佳成辞退了。

为此，朵朵又哭又闹："你们什么意思啊？为什么我的事儿，就不能征求一下我的意见。"

（孩子如此争取学习自主权，不是妈妈希望看到的。）

一气之下，朵朵离家出走。

（剧情发展到最后可以发现，朵朵是善良的，有才艺的。）

诚如法国作家罗曼·罗兰所说："一个人只能为别人引路，不能代替他们走路。"不听话的孩子，往往具有很强大的批评性思维能力，更有出息。朵朵后来的很多选择都摆脱了妈妈的羁绊，成了一个阳光的孩子。

案例三

祉如是我的邻居，从小就是乖乖女，也是我妈妈一直以来向我推荐的榜样。她父母是国企的下岗职工，家境不好，每天早晨要早起，靠卖早点营生。

而祉如每晚学习到很晚，早晨又早早起床看书，后来考上北京一所985高校。但出乎意料的是，她毕业后拒绝外企，回到家乡一国企做文员。

百思不得其解的我有幸在一次同学聚会上，问及这个问题。

她的回答令我愕然："父母在不远游，再说大城市生活压力太大，在老家安稳。"

祉如大学刚毕业时，月薪3000元，在十年前看来，还是不错的，自己和家长基本做到安贫乐道。

工作第三年，同学邀请她趁年轻去上海一起打拼创业，却因其父母的坚决反对而错失良机。

工作第六年，恰逢事业单位全面改革和改制，她遵照父母的旨意，留在清闲的老部门维稳。

刚刚听说她所在的老部门因改制需要被整个裁掉，这位乖乖女失业了，彻底沿袭其父母的“革命路线”出了问题。

十年后，她的同学纷纷成为企业高管、事业单位重要领导。而名牌大学毕业的她，如今在一家打印社里打工！在过去的岁月中，她除了在办公室里喝茶、看报纸、给领导打印资料等杂事外，专业知识和技能早已还给老师，实在没有任何特长。

直到如今，她如梦方醒：“最后悔的是所有的人生大事，都听了父母的话。”

原本可以拥有很好的人生，却因为太听父母的话，失去了批判意识和能力，一次次错过发展的机会，最后泯然众人矣。

案例反思

“乖孩子”“好孩子”是很多父母给予自己子女的最高褒奖。很多家长因担心孩子叛逆出事，倘有不“听话”之举，在孩子幼小时，便用打骂、威胁等手段收到威慑之效；当孩子长大成人，便以情感和道德对孩子进行绑架，唯恐挣脱子女樊笼。

德国心理学家海查，做过一个著名的实验：通过对2～5岁时有强烈反抗倾向的100名儿童与听话的100名儿童，进行长期跟踪观察。结果发现，84％的有强烈反抗倾向的孩子在处理问题和生活中表现出意志坚强，遇事能果断处理，进行科学决策；听话孩子中仅有26％的人意志坚强，74％的人遇事显得懦弱，不能担当，决断能力差。案例中的朵朵、喜子、祉如也是明证。太听话的孩子的人生，往往拘泥于父母的格局，囿于家长的影响。而一些父母忽略了自己一生的碌碌无为，利用所谓家长权威去指导孩子的人生，结果都是害人害己。听话教育培养的不是孩子，而是复制家长所谓思想和执行父母指令的木头人，完全失去了高阶思维能力。

而那些特立独行，看起来不听话，经常和长辈作对的孩子，往往具有强烈的批判意识和对环境的高度警觉，凭借自己的主见，往往有着非常人所能及的成就。《中国合伙人》中的主人翁成冬青两次高考都没考上，父母对其失望透顶。

但他没有轻易向命运低头，为筹钱读书求遍家乡父老，第三次高考，一举考进北京大学。

一项普林斯顿的心理学研究实验显示，批判性思维强的孩子具有以下关键性特质。

(1) 勇气：具有勇气的孩子即使不知道自己要什么，但能确定自己不要什么，并敢于接纳不确定性，迎接各种挑战。

(2) 独立：太过听话的孩子容易养成一种奴性心理，遇到关键性的问题，无法决策；独立性强的孩子内心往往比较坚强，

关键时刻靠着豪气和能力，大胆决策并坚持实施。

(3) 责任：太过听话的孩子往往因为没有办法决策，所以下意识规避责任，也放弃进阶自己的机会；批判性思维能力强的孩子具有强烈的责任意识，秉持“自己选择的路，跪着也要走完”的理念，强化了担当的品质。

(4) 高逆商：听话的孩子往往缺乏独立意识，无法对自己的生活形成决策，过多依赖别人，会把所有的问题都推给父母，自己乐在其中。不经历挫折和大风大浪，不可能有强大的内心。批判性思维强的孩子天天被家长和老师批评，但能在否定中坚持自己的选择，这就是高逆商。

孩子太过于听话，是智商低的表现，是父母教育的失败。很多父母从来不知道孩子想要什么，只知道把自己的价值观和意志强加在孩子身上，逼着孩子去做他们觉得很好的事情，实现自己没有实现的梦想，达成自己未达成的愿望，从而遏制了孩子的个性发展。

因此，在家庭教育中表现出了耐心缺失、控制欲爆棚、缺乏交流等问题。纪伯伦说：“你们的孩子并不是你们的孩子，他们是对自身渴望的生命的儿女。”因此，家庭教育中要尊重孩子的主体性，赋予他们自己一定的判断意识和抉择权。家长的压制容易扼杀孩子本应精彩的人生。很多时候，在很多事情上，家长应该多问孩子一句“你怎么想”，甚至借用电视剧《狄仁杰》里狄仁杰的口头禅：“元方，你怎么看”，这样不仅能避免亲子之间的冲突，也能训练孩子的决策力。在整个家庭教育中，家长要相信没有创造力的复制品，无法成就伟大的人生；要告诉孩子

大是大非，尊重他们的独立个性，给予必要的辅助。要敢于放手，让孩子独立处理力所能及的事情。

策略与方法

生活中的大小事，都有用得着批判性思维的地方。批判性思维是创新的基础，是不断应用自己的智慧寻找真实可靠的信息，在关键时刻指出准确抉择，以指导我们的想法和行为，从而发现真理，或者正确解决问题。批判性思维能力作为孩子的高阶思维的重要组成部分，它出现于儿童时期，成熟于成年期，需要在具体情境中培养，在生活和学习中不断练习，而不是仅仅靠家长灌输。因此，在家庭教育中培养孩子的批判性思维能力首先要摆脱家长的控制，还孩子自由。我们做家长的对孩子起的是引导作用，而不是过分干预！

1）解放儿童的头脑

解放儿童的头脑就是使孩子从旧有的道德、成见、幻想中解放出来。因此，父母必须意识到，世界是会变的，变化是永恒的，孩子也是在变化中不断成长的“半成品”。家长要做孩子成长路上的灯塔，照耀他的前方，而不能做系绊他们的“安全绳”，无须担心孩子去北上广打拼会很累很苦，家长要相信他们有自己的生命力和适应力；不要把自己的担心变成强制孩子的措施和束缚，以免扼杀孩子很多的可能性。诚如凯文凯利在《失控》中说：“让生命自由地去向它想去的地方，不必担心，它有自己的力量，会自己去适应。”家长在和孩子一起看电视的时候，可以跟他们就其中有价值的情节进行仔细分析，像那些电影评论一样，促进孩子批判性思考，以便拓展其思维宽度。

2）解放儿童的双手

解放儿童的双手就是使孩子从“这也不许动，那也不许动”的束缚中解放出来，给他成长的环境和自由。一些父母必须克服：以为自己是天，孩子只是附属品，并将未完成的理想强加给孩子来完成，而忽略了孩子的主体性和由此产生的感受。家长观察孩子玩游戏时，如何形成事物运作方式的理论，看他想要了解什么然后帮助他们，给出相应的答案，通常都在自己的大脑里实验，而孩子们的游戏过程就是把自己的想法反映在行动中。况且教育没有正确答案，只有正确方向。通过几次反复，家长就可以发现孩子思维的特点和缺陷，从而加以拓展或矫正。鼓励孩子多问些为什么，培养他们的反思意识和品质，从多角度去考虑问题，说话要有根据；让孩子独立解决问题，当孩子不理解作业的内容时可以给出一些提示，但不能直接告诉其答案；对待世界上人和事能够保持客观理性，不轻信，不盲从，不武断，就是这种思维能力最基本的表现。

3）解放儿童的嘴巴

解放儿童的嘴巴就是使其有提问的自由，从“不许多说话”中解放出来，畅所欲言。语言为心声，语言是思维的物质外壳。因此，孩子通过语言表达锻炼思维品质。父母给孩子最好的教育，不是金钱，而是塑造他的品质，尤其是思维品质，是其成功的保障。家长要在各种情境下，不失时机引导孩子提问题；在让孩子学会表达自己观点的同时，教会他们用事实和逻辑去支撑自己的观点；为孩子提供没有结局、吊人胃口的书籍材料促使其反思；在孩子读完文章、小说、科普知识类书籍后，不要就此停下来，要引导孩子做一些思辨性的阅读回应(reading response)。这样才会有意或无意地在日常生活中引导孩子形成批判性思维。

4）解放儿童的时空

解放儿童的时空就是要从过分强调分数的考试制度下解放出来，给孩子空闲自由的时间，以便分散思考一些感兴趣的东西；使其接触大自然、大社会，从鸟笼似的学校和家庭中解放出来，驰骋于知识海洋。孩子时空的解放也就意味着他们应该对观点心存质疑，不要人云亦云，能够一分为二地看待周围的事物，不仅要让孩子避免对权威的盲目崇信，而且要勇于认同正确的观点和判断，知道相应依据。

学会反思自己。反思是促进孩子成长的重要手段。每个人都应不断地反思自己和完善自己，这样才能健康成长，因此家长一定要教会孩子反思自己，乐于质疑自己的论断，并不失时机地进行论证。家长要教会孩子养成写反思日记的习惯，思考自己每天生活中遇到的各类问题。

多让孩子问为什么。张载说："学者须疑。"对孩子来说，勤于反思，也是核心素养的主要动力。家长切勿对孩子的判断和观点进行武断否定，不能让孩子被动地接受家长强加的观点，鼓励孩子多问为什么，激发孩子提问的热情，对任何事物都保持新鲜感和兴趣。让孩子成为自己，是最成功的家庭教育。

家长要鼓励孩子敢为天下先，敢于挑战权威，敢为人上人。循规蹈矩者，最多只能小有成就。而成大事者，任何一个时代

和领域的开创者，往往具有超凡脱俗的思维和能力。没有棱角的石头，注定无法脱颖而出，因此家长要强化孩子批判性思维培养，让孩子走向独立。

2. 不同表现源于不同家庭教育方式

自尊心是一个人品德的基础。若失去了自尊心，一个人的品德就会瓦解。

——斯特娜夫人

家庭教育主要是指父母或者家中长辈对年轻一代或者家庭成员的教育。这种家庭成员对自我有目的、有意识的影响与孩子性格的养成关系密切，且通常久远，甚至影响一生。因此，与学校教育、社会教育相比，尽早开始家庭教育显得异常重要，这种教育是在有目的、有意识的前提下进行的，呈现出启蒙性、感染性、权威性、专一性、终身性等特点。

案例呈现

案例一

（星期六下午5:15，八岁的妞妞和妈妈提着几个购物袋，从市区逛完街后，觉得有点累，就坐公交车返程。碰巧，车上有两个空位，母女俩环顾四周，没有发现特别需要帮助的人，自然都坐下了。但刚走过一站，“滴……老年卡”，妈妈自觉地拎起购物袋起身。）

“爷爷，您请坐我这儿吧。”

（爷爷乐呵呵感谢小姑娘主动让座，夸赞她懂礼貌后，坐了下来。）

“妈妈，把购物袋放腿上就好，提着很累。”

（妞妞很关心和体贴地告诉她妈妈。）

“好的，谢谢小宝贝。”

（公交车轻松自如地穿过了两个街区后，在公交站停下来，有一位孕妇上车，妞妞见状立即跳下座位。）

“阿姨，坐这儿吧。”

“乖宝贝，你太小了，不累吗？阿姨谢谢你，我能坚持的。”

“我一定要让座的，因为旁边都是爷爷奶奶，还有小宝宝。”

（妞妞一本正经地说着，目光投向了旁边站着的妈妈。）

“好的，妈妈支持你，来，你提那个小包，把那个大包给妈妈吧，一定要抓好扶手。”

“嗯，下次外出或许可以试试带个折叠凳，需要让座时，我们也可以坐着回家。”

（妞妞的建议获得很多赞许的目光。）

“对，是个很好的主意。既有助于他人，也不委屈自己。但妈妈要提醒宝贝，帮助别人要量力而行，在车上给老弱病残孕让座是对的，但也要根据实际情况，尽量做能做和该做的事情，例如今天若自己身体不舒服或特别累，需要休息，

向其他乘客有礼貌地解释一下，不要逞强哦，其他人也能够理解并谅解的。好吗？”

“好的，妈妈我记住了。”

（妞妞领会妈妈的教诲，做了一个“OK”的手势。）

案例二

（星期五下午5:10，上班高峰的公交车上，人挤人，一位五十来岁的奶奶带着一个八岁小男孩没抢上座位而似乎有点愤懑地站着，小男孩拽着奶奶的裤子。）

“奶奶，我累了，还要多久才能到家啊？……”

（小男孩嘟囔之余，用余光扫视了一下座位上的乘客。）

“马上，孩子别急，快了。”

（奶奶安慰着身边的孙子，用同样的眼神看了看周围坐着的乘客。）

（没多久，小男孩开始有一点烦躁。）

“奶奶，我饿了，带零食了吗？我现在就要吃东西。”

奶奶顺势从背包里拿出一袋沙琪玛，并专注地撕开包装袋将食品递到小男孩手里，而熟视无睹地将包装袋随手丢在车厢里。

“奶奶，老师说不能乱丢垃圾。”

（小男孩说这句话时很认真。）

“没事，小点声，别人没看见就没事儿。”

（奶奶的回答很随意。）

于是，小男孩不再理会。

东西吃完没多久，小男孩东张西望，没有人理会，于是感到无聊，就开始大喊，“啊……啊……啊……奶奶，我太累，站不住了，烦死了。”

“小乖乖，我也是，但没有哪位叔叔阿姨给我们让座啊，我们就忍忍吧。”

（奶奶有些无奈，再次横扫坐着的乘客。）

（笔者这时发现，坐在他们前面的是一位年轻妈妈抱着宝宝，还有一对年轻恋人挤坐一个位置。）

“啊……腿疼，受不了啦，奶奶抓紧帮我找位子。”

（紧接着，小男孩发怒了，习惯性地对奶奶拳脚相加并大喊大叫起来。）

“别嚷嚷了，你看别人都不抱怨。”

（奶奶这番话刚说完，小男孩直接倒地打滚，哭闹得更厉害了……）

（奶奶边安慰这位“小祖宗”，边费力地想把小男孩拉起来，显得很无奈，可他一直反抗。）

“孩子，听话，别闹了，那么多人都在看呢，注意一点。再说把这新衣服弄脏了很难洗，挺可惜的，而且这样不文明，明天让你爸爸开车来接好不，咱不坐公交车了，……”

“我不，我就不，必须现在、立刻、马上就让爸爸来接。”

（孩子接着肆无忌惮地号啕大哭……）

“乖孙子，再这样闹，奶奶就不要你了啊，不要再躺在车厢里了，你觉得好意思吗？……”

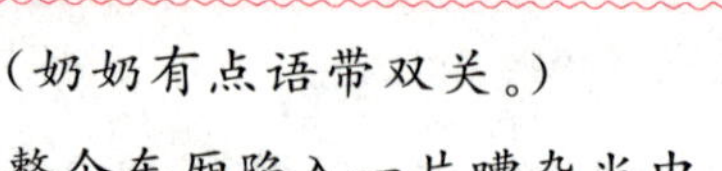

（奶奶有点语带双关。）

整个车厢陷入一片嘈杂当中。

案例反思

乐事与人分享，喜悦双倍，难事找人分担，痛苦减半。这就是和谐大家庭的意义，教育作为一种特殊的文化，也对孩子产生潜移默化的影响。一个人的喜怒哀乐，也会传递给身边的人，并与其产生共鸣。案例二中的这位奶奶就缺乏基本的教育常识，忽略教育的情感性和感染性，附和自己孙子“焦虑”、助长孩子吵闹和撒泼气焰，传递给孩子和周围乘客的是负能量，从一定意义上说不利于自己孙子的认知发展和成长。案例一中这位妈妈却能够理智处理问题，表现出育儿智慧和机智，也体现了父母与子女之间存在着血浓于水的亲情，利用自己的兴趣习惯，润物细无声地影响甚至决定了自己女儿文明的行为举止，在教育子女时的模范和表率形塑着孩子的人格，陶冶孩子的情操，向孩子和社会传递正能量。同样的场景，同样的乘坐公交车回家，但两位家长处理问题的方式以及不同的言行和举止代表着不同心态以及内在修养，带给孩子的是不同的启蒙，因此给予幼小心灵不同的感染，这样对孩子成长的促进肯定是有差别的。

策略与方法

1）让孩子学会吃苦、量力而行

随着独生子女的增多，很多家长都感叹：现在的孩子风吹不得，久站不得，雨淋不得，真娇弱，和我们孩提时代差距太大了，……但实际上，孩子们“不能吃苦”的种种表现，都是拜家长所赐，长辈所谓“隔代亲”的“溺爱”和“心疼”成为直接原因。家长平时过多的包办代替，甚至是越俎代庖，无助于孩子动手能力的培养，最起码不利于增强体质，在此提醒广大家长不妨多陪孩子锻炼身体，让孩子在完成作业之余做一些家务，这是对孩子劳动权利的尊重，也是历练品性的重要途径；给孩子讲述一些“吃苦耐劳”的经典故事，从情感上提高孩子意志力培养的重要性，促进其情操健康发展；给孩子设置一些生活或学习方面的小难题，设置一些小障碍，考验一下他们，让孩子尝试用自己的能力去解决，培养独立自主能力，感受生活中失败的苦涩，体验收获时的成就感。同时，孩子认知还不成熟，家长还需要给孩子判断事物的智慧双眼，必要时要善于借机告知孩子凡事量力而行，适可而止，不要逞强，在遇到突发事件时，如何根据自己的实际情况机智应对，学会在帮助别人的同时也要保护自己，不要逞个人英雄主义。

2）让孩子学会预测和准备

《诗经·豳风·鸱号》有云：“迨天之未阴雨，彻彼桑土，绸缪牖户。”这句话告诫人们做事情前要做好相应准备，未雨绸缪。“凡事预则立，不预则废”也是说不论做什么事，事先有准备，就能得到成功，不然就会失败。那么作为家庭教育也应该做好相应的预设工作。例如本案例中作为家长，出门前应该做好相应的预案，首要的是给孩子打“预防针”，如一定要告知孩子外出时要做好相应准备，对目的地和购物计划，什么需要买，

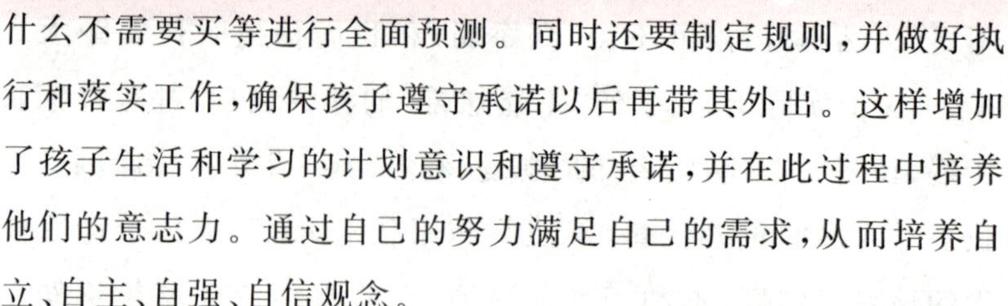

什么不需要买等进行全面预测。同时还要制定规则，并做好执行和落实工作，确保孩子遵守承诺以后再带其外出。这样增加了孩子生活和学习的计划意识和遵守承诺，并在此过程中培养他们的意志力。通过自己的努力满足自己的需求，从而培养自立、自主、自强、自信观念。

3）遇突发情况要及时转移孩子注意力

生活中，孩子年幼，其公共意识和自知、自制能力受限，在公众场合因为家长不答应自己的要求而要赖、哭闹、撒泼等现象屡见不鲜。也许孩子当时并不知道由此给家长带来的尴尬后果。这也在考验家长的家庭教育方面的智慧和素养，掌握处理此类突发事件策略和方式很重要，首先可以避免尴尬，不至于影响别人和自己情绪，同时也是开展家庭教育的重要情境。面对这一场景，一般而言，在人群稀疏的地方，家长可以将孩子拉到无人地方或换一种环境，借机消除一些消极影响因素，去场景化，先耐心安抚孩子，动之以情，晓之以理，让他冷静下来，分析其中的利害关系，并主动给孩子讲明规则和道理，再听听他/她的想法，或找寻其他方法，缓解心中怨气，并运用替代物，暂时让孩子忘记引起哭闹的事情。但事后不要草草了结，要不断引导孩子认识自己的错误，表达理解后对孩子进行正面管教。事实上，经历过错误又能及时改正错误行为的孩子更可爱，孩子就是在错误中成熟、成长和成才的。如果是在人群密集的地方，例如本案例发生的公交车上，家长应该蹲下身子问问孩子的感受，表达理解和尊重，弄清楚是什么原因导致吵闹，而不是纵容，看看能否想办法改变一下，制止事态进一步恶化，或根据所处环境利用技巧转移孩子注意力，和孩子谈论他/她感兴趣的话题，谈谈他们引以为豪的事情，减少不愉快体验程度，用包含正能量的故事感化和教育他们。

4）公众场合别伤害孩子的自尊

尊重他人是一门学问，是人生的一片风景，尊人优雅。在公众场合感知意识不强的孩子出现吵闹是正常现象，也是可以理解的，孩子不成熟，自我克制能力有限，忍耐性差，在陌生的环境下难免产生不安或焦虑的情绪。家长最不应该做的是太在意周围人的眼光，为了尊严和面子而将尴尬的情绪发泄到孩子身上，甚至打骂孩子，这样会使情况变得更加糟糕。塑造更好的形象，赢得别人对自己的肯定，赢得集体和社会的赞扬，这就是自尊的表现，孩子也是如此。

家长不能自乱阵脚，而应冷静下来，改变和孩子说话的口气，用协商对话的口吻，以亲昵的态度和温柔、体贴的处理方式，和孩子开展平等交流，听听孩子的诉求，坚持让孩子把“委屈”一股脑倒出来，倾诉有时就是一种解压方式，切不可责骂或吓唬孩子，打骂孩子是最不可取的做法。

实践证明，模仿的力量是无穷的，而家长是孩子的最佳模仿对象。无论是在家中、私人空间还是公共场合，家长一定要以身作则，注意自己的举手投足，以免给孩子造成深远的不良影响，那些不良的坏习惯一旦形成便成为固化现象，很难改正。

平时家长一定要多给孩子灌输文明礼仪和行为规范，强化规则和规划意识，明确只有自尊的人才能获得别人尊重的道理，并带头践行这些礼仪和规则，以身示范强化效果。

3. 孩子不是父母的包袱，而是一所学校

是故学然后知不足，教然后知困。知不足，然后能自反也；知困，然后能自强也。故曰：教学相长也。

——《礼记·学记》

随着社会转型的加速，互联网的强大冲击，青年一代同伴群体影响的扩大等，使得文化的单向流动与传承遇到了前所未有的挑战。作为一种新兴力量的青年文化开始对成人产生强大影响，文化传递的“后喻文化”已成为时代的新特征。这种状况反映在教育上，就是教育授受关系的反转，自下而上的教化形成了，教育界称为教育反哺。家庭教育中反哺是指子代向亲代传递知识、进行教化的逆向教育过程，是实现教学相长的过程。目前反哺正成为家庭教育的重要组成部分，呈现出目标多元、内容弥散、价值多元、方法隐蔽、效果滞后等主要特征。教育反哺颠覆了家庭教育原有的表现形式和作用效力，消解了家长的权威，扩展了孩子们在教育活动中的空间，赋予他们新的视野以及教育以新的意义，使教育从结构到形态、从内容到形式、从目的到手段，都有了新的变化。[1] 本节主要介绍一位父亲在养育孩子过程中的发现和体验，从而改变自己的教育认识和对孩子的学习态度，是一种认识反哺。

① 郑金洲. 教育反哺刍议[J]. 教育研究，2008(5)：26-29.

案例呈现

案例

武明，一个高中化学老师，在女儿出生之前，是个不苟言笑的人。面对懵懵懂懂的高中生，面对不尽如人意的考试分数，整天焦躁又烦恼，唉声叹气，“学生一代不如一代”成为其口头禅。但学生根本不领情，纷纷在校园网站留言：我们想要个阳光哥哥做化学老师！也有学生写道：化学老师上课总是拉长着脸。这位化学老师忍无可忍回复：化学是一门严肃的科学，需要认真的态度，不需要笑，科学毕竟不同于相声小品、评书笑话。紧接着他气冲冲地敲击着键盘：有空多练习几道化学题吧，练习册第17～20页。这一指令效果超好，再无人给他留言。

听说女儿出生时，医生就告诉他：“恭喜你，是个女儿！”这位新爸爸失望透顶。原计划要带儿子玩遍男孩必玩的游戏、要让他学会男人必会的技能被釜底抽薪。但让他始料未及的是，这小女孩让他懂得，无论是当父亲还是当老师，耐心、爱与坚持很重要。

女儿只那么娇嗲嗲哭了两声，就征服了他整颗心；张开柔软的小嘴巴，伸了一下手脚，打了个哈欠使他激动得像中了大彩，拼命地打电话发短信，昭告天下：女儿长大了，竟然会打哈欠！会打喷嚏！有十个手指，十个脚趾，漂亮极了！

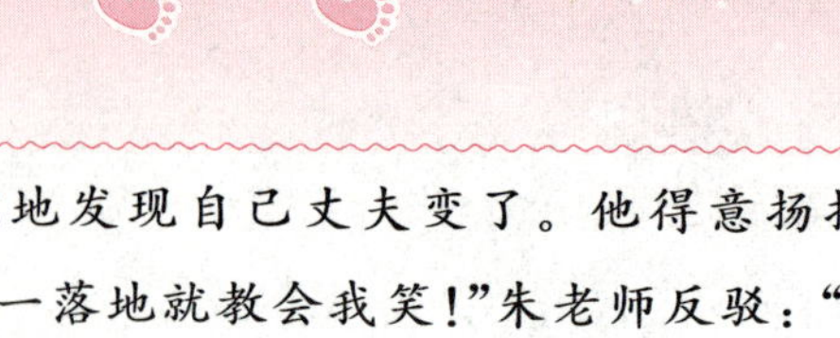

他的妻子朱老师惊诧地发现自己丈夫变了。他得意扬扬："女儿是个好老师，她一落地就教会我笑！"朱老师反驳："女儿明明是先哭的好吗？"同事们纷纷惊叹他的转变。他发现自己也会以欣赏的目光看着同学们，但心里暗自思量：我的女儿，也会很快长大，也会穿樱花色校服，笑得像春天早晨的月亮。

在陪伴女儿成长的日子里，他发现女儿第一个月一直在睡觉，三个月才会伸出小手好奇地揪人的耳朵，偶尔露一点笑意，五个半月才会咿咿呀呀学讲话。六个月开始试着说话，小孩子的成长是一件很慢的事，做父亲的他开始反思那个做老师的自己：从前太焦躁了，老是怪学生进步太慢。如果所有孩子都是神童，老师的价值何在？

这几年他饱尝带孩子的不容易，今天感冒发烧，明天腹泻。朱老师身体不好，他忙得焦头烂额。有时，整夜不睡，给女儿喂水喂药，他只好全程陪护，半小时量一次体温。又赶着去上班，满面憔悴。当他突然发现小孩子爱生病时，自然想到这是正常现象，婴儿免疫力差，不生病就不可能变得强壮，这时他联想到学生的粗心、贪玩、做小动作，不也很正常吗？慢慢地他发现罚写检讨，请家长，有点失风度。他发现女儿学会说数字"1"，再学"2"却忘记了"1"时，觉得很开心。但女儿在摇摇摆摆学走路，不停跌倒，哭完了又爬起来时，他却很少批评而且耐心大增，一直在为她加油，为她鼓掌。渐渐地，他班学生的期中考试成绩不理想时，只是用心地分析每个学生的问题所在，精心设计每节课，还不停地鼓励学生。当女儿已经穿上了可爱的花棉袄，动不动撒娇地伸手要求爸爸抱抱，抱住他的腿时，一家人笑得前仰后合。

如今，他女儿三岁了，武老师开始考虑幼儿园事宜，他不仅学会了笑，还带着学生一起笑。上化学课时，无论讲酸碱度，还是化合价和元素周期律，只要他一开口，学生准会乐开怀，笑声总是萦房绕梁。这群似懂非懂的高中生爱上了化学课，也爱屋及乌地爱上了这位老师。在陪伴女儿成长的日子里，他也在不断地成长，并且知道没有小孩会长那么快。无论是当父亲还是当老师，都必须拥有耐心，遵循孩子成长的规律。

案例反思

当今社会是两代人共同成长的社会，是和谐互动学习的时代，因此家庭教育成为两代人相互影响的社会实践活动。孩子成长过程也是父母成长的心路历程，是家长专业发展过程。无论是古代教学相长的理念还是现当代教育反哺，均说明父母需要向孩子学习、与孩子一起成长，这本来就是一种教育生态，不断互哺，才能与时代同步，有效地对孩子进行家庭教育。向孩子学习并一起成长，既可以建立起一种积极向上、良好互动的亲子教育关系，又可以保持健康、密切、稳定发展的亲情。总结上述武老师教育观念转化可以清楚地看到：在家庭教育乃至整个教育过程中，人们因为家长的身份和在家庭中的地位过多地关注他们这一教育者角色及其相应行为，而忽视父母这一受教育者角色的行为。事实上，家庭教育中真正的教育关系的建立必须关注父母和孩子角色互换和互补。

在家庭教育中，建立新型的家庭关系，摆脱传统的家长制的影响，克服父母或长辈的权威地位，是双方作为特殊社会关系中民主家庭建立的需要，唯有如此才能真正促进家长和孩子之间心灵的沟通，是独立的个体对自身权利的维护的必然要求，以便营造和谐家庭教育氛围。一方面，作为教育者的父母首先要尊重孩子，但不能将孩子视为家庭的全部，以家庭特殊而不失平等的姿态与孩子对话，给予孩子充分信任，并平等民主地对待发生在孩子身上的事情。了解孩子观察问题的深度不足，看到孩子拥有鲜活的思绪和创新的意识，并精心加以呵护，相信他们天生的好奇，会从一个新的角度来看问题，这就是成长。要在尊重、信任的基础上，与自己的子女真诚交流，严格而准确地把握自己的生活和教育行为，耐心倾听他们的呼声，以身作则，为子女树立一个好榜样，不要一味地把自己的意志强加于子女，要为子女的成长提供足够的自由空间，更不能忽略子女对自身生命成长的主体参与。正如卢梭所提倡的“多给孩子们真正的自由”“让他们自己多动手，少要别人替他们做事”。[①]

另一方面，作为受教育者的父母或长辈，不仅要有一颗慈爱之心，更要有一双智慧的眼睛和一种教育者的情怀，善于发现孩子的特质，不断挖掘孩子的优点和潜能。家长用发展的眼

---

① 卢梭. 爱弥儿[M]. 李平沤，译. 北京：商务印书馆，2013：65.

光来看待子女，培养子女自身的动手能力和实践意识，常用形成性评价手段，激励并提高子女积极向上的自觉性，包容子女在成长过程中所犯的错误，增进与子女之间的情感交融，促进两代人发展各自的个性。认同孩子有对新知识的强烈渴望，充满好奇，对新鲜事物的积极尝试和接受能力等，发现并欣赏孩子的优点，主动为其进步点赞，虚心向孩子学习，相互支持，与孩子一起成长。父母要善于发现孩子的进步，并努力学习子女在成长过程中表现出来的闪光之处，将爱化作一种力量，与子女一起面对生活中的各类问题，与子女一起体验成长过程中的失败阵痛，同时分享他们收获的喜悦，从而使自己以饱满的历程润泽生命，以情燃情，以心换心，不断增强生命活力，提高生命质量。总之，父母必须完善自身的角色，有效发挥家庭教育的功能和职能，扮演好教育者角色的同时还要充当好受教育者的角色，真正实现家庭教育中的“教学相长”。

策略与方法

1）需要有良好的耐心

耐心是指心里不急躁，不厌烦。《朱子语类》卷十一有云：“如前途等待一人，未来时，且须耐心等待。”耐心是一种能力。它可以使人保持冷静，并理智地去思考，在面临压力时，还能善待他人。没有耐心去等待机会和成功的降临，那只好用一生的耐心去面对失败。

幼儿教育是教好后一代的基础为终身发展奠基。它关系

到青少年时期德育、智育、体育的健康发展。所以说幼儿教育是非常细致耐心且有价值的工作，也是一项极为光荣的工作，为此，首先是要求从事幼儿教育工作的同道中人本身要有高尚的共产主义的道德修养，酷爱自己的专业，能专心致志，研究业务，对培养好幼儿具有高度的责任感（徐待立语）。

正如上述案例描述的那样，孩子成长是“慢”的过程，耐心可以考验家长的品质，是一种爱的陪伴，可以见证孩子的成长过程。许多孩子没有耐心，是因为家长自己做事也是虎头蛇尾。因此，在家庭教育中家长一定要有耐心。一些家长可以经常做一些比较容易但要长期不间断的事对孩子的成长帮助最大，比如每天晨练，先提高意志力，进而培养自己在家庭教育中的耐心。鉴于孩子的心理承受能力比成人差，遇到问题和遭到惊吓时更容易委屈地哭泣，此时父母应当放下身段去倾听孩子的诉说，安慰孩子，而不是居高临下地斥责孩子，说孩子没出息。否则家长“尊严”中的冷漠会让孩子感到无助和伤心，要像朋友一样倾听孩子的心事，有利于他们身心的健康成长。晚上父母可以耐心地跟孩子一起学习、读书和写字。当孩子不断地起身、坐下时，父母的沉稳可能感染他们，从而静下心来。另外，父母在要求孩子做一件事情之前，要提醒孩子必须耐心地做完，讲述急躁的危害，让他们有心理准备；如果没有完成不仅需要补上，还要再增加工作量。这样，孩子会养成良好的学习习惯，能够有计划地去做事，也能够在一定的时间内耐心地把事情做完。

2）懂得用爱去浇灌

爱可以使人沐浴在春风里。孩子在困惑失意之时，老师的鼓舞,父母的爱可以给他们注入强大的精神动力,一个不经意的微笑,有可能赋予他们最大的安全感。在家庭教育中沟通是最有效的解决孩子问题的办法,但这种沟通首先是一种倾听孩子心声的过程,是一种双向的互动,是父母带着深深的爱走进孩子的内心,是一种相互体验的过程。沟通是为了帮孩子化解烦恼,消除困惑,是借助于温热的爱焐暖孩子的心灵,融化孩子心中的“坚冰”,从而更好地呵护孩子成长。带着爱去倾听,爱会播撒在点滴细节中,沁入孩子心里。案例中的武老师不仅经常用充满爱意的话语和孩子“对话”,而且通过一系列爱的行为、动作将女儿的心门打开,使女儿茁壮成长,回报爸爸的爱。

日常家庭教育中多数父母不善于表达他们对孩子的爱,认为对孩子的说教、训斥、责骂就是爱,因此其效果大打折扣,甚至是负能量的,以所做的一切都是为了孩子好为噱头,将爱的语言表现为“你不许……”“你去做……”“你马上……”等所谓令行禁止的“指示”。孩子也因此渐渐地疏远父母。家长要杜绝一切对孩子心灵造成伤害的爱的方式并由衷地欣赏孩子的成功;杜绝说伤害孩子自尊心的话,更不能动辄打骂孩子;给孩子提供一个快乐的、舒适的、轻松的、充满爱的生活环境;引导孩子正确的生活方式,体验生活带来的快乐。最重要的是,不要惩罚孩子,要引导孩子认识自己的错误。惩罚在有内疚感的孩子心里会增加敌意,让孩子在愤怒的父母面前下跪和接受惩罚,会使孩子在意志上和性格上与家长对立,形成性格中的暴力倾向。

家长对孩子不应溺爱,应该把握好“尺度”和相应的维度。

在家长的“翅膀”下，事事顺从孩子，满足孩子所有的需要，是不合理、不适宜的，会强化孩子自我中心意识，使同伴渐渐远离他。同伴交流的长期缺少，会阻碍孩子的社会性发展，从终身发展来看，其实是害了孩子。

3）贵在长久地坚持

“世上无难事，只怕有心人。”说的是再难办到的事情，只要人用心做，总可能成功。这也是坚持就是胜利的另外一种表达。千里之行始于足下，不论做什么事，不能坚持到底，最后只能功亏一篑。坚持的昨天叫立足；坚持的今天叫进取；坚持的明天叫成功。家庭教育是一场既复杂又持久的战役，且是一场爱的角逐。要想取得胜利，家长本身应该树立坚定的信心，在实践中找到适合自己孩子的正确教育方法，确定明确的目标，更重要的是贵在坚持。与孩子做朋友，帮助他们明辨是非，才是家长真正应该做到的。案例中武老师养育女儿三年如一日，坚持观察女儿成长历程，并不断反思，形成正确的学生观和科学的教育观。笔者认为，在家庭教育中父母的“坚持”是成功教育的前提，因为孩子的成长是一个长期呵护的过程，是一个爱相随的过程。这里的坚持重在家长和孩子良好生活习惯和优良秉性的养成方面。“冰冻三尺，非一日之寒”，习惯的养成是在点点滴滴的小事中，慢慢积累形成的，贵在坚持，利在未来。因此，对于习惯一定要从严要求，强化孩子的自控能力培养，因为它是矫正坏习惯的保障，重视孩子意志力培养，因为它是好习惯形成的基础。自制力和意志力培养是家长开展家庭教育的前提，也是家长形成良好家教习惯的关键因素。

4. 不要让孩子知道你是在教育他

大家知道，任何一种教育现象，孩子在其中越少感觉到教育者的意图，它的教育效果就越大。

——苏霍姆林斯基

目前笔者在阅读《帕夫雷什中学》一书时发现，该书作者也提到一个人们经常思考的问题：教育和教学什么关系？该书认为“做教育”简单易操作，师生裹挟其中，摇旗呐喊，“乐此不疲”，搞个活动，弄个体验，原有的方案拿出来，一切照旧，结果是活动热火朝天，但学生因此而改变寥寥。[①] 广大教师和教育管理者对于教学是唯恐避之不及，“教学有风险，‘投资’需谨慎”。所以教育改革进行这么多年，教学还是原地踏步停滞不前。喊着号子做教育，其阵势已让学生习以为常了，其意义与作用却是微乎其微。而教学才是教师的主业，是改革理念落地并取得成效的关键。教育无小事，事事育新人。由此笔者想起了家庭教育中当我们在谈论对孩子的教育时，很多家长或长辈高举爱的大旗，动辄捧出一份真正的爱孩子的心，而不懂得如何对待那一颗颗敏感而娇嫩的心灵，其教育的意义与作用早已大打折扣，甚至伤害了年轻的心灵。

教育是“随风潜入夜，润物细无声”的事业。苏霍姆林斯基

---

① 苏霍姆林斯基. 帕夫雷什中学[M]. 赵玮，王义高，蔡兴文，译. 北京：教育科学出版社，1983：14.

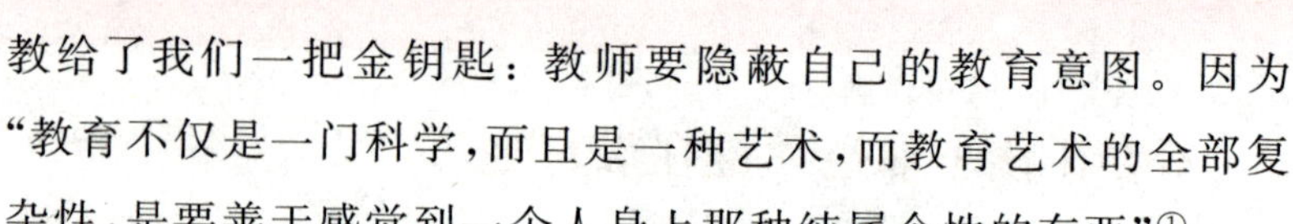

教给了我们一把金钥匙：教师要隐蔽自己的教育意图。因为“教育不仅是一门科学，而且是一种艺术，而教育艺术的全部复杂性，是要善于感觉到一个人身上那种纯属个性的东西”①。

案例呈现

案例

我的邻居一家三口，妈妈和爸爸忙于超市经营，儿子小苗读初一。最近妈妈十分苦恼地向我提起儿子的教育问题，希望得到解决办法。妈妈告诉我，孩子刚入中学不久，班主任汪老师在电话里告诉她一件事：小苗常常骂坐在他前面的女生，而且骂出很难听的话。班主任找他来询问究竟，好半天小苗才来到办公室，一副满不在乎的样子让老师很不开心，但老师还是耐着性子问他为什么骂那个女生，他竟然回答说，不为什么，没有特别的理由，就是看不惯她。班主任当时就蒙了，太自恋了，天下竟有这么无理的事，就因为看不惯别人，就可以骂别人？想了半天，对他说：“看不惯别人就可以随便骂人是什么道理？”小苗撇撇嘴巴，没说话。班主任又问：“如果别人也看不惯你，也骂你，你想想看，自己是什么感受？”小苗一脸不服气地答道“谁敢”或“等着瞧”。班主任要求小苗向被骂的女生道歉，并保证以后不

---

① 苏霍姆林斯基．苏霍姆林斯基教育箴言[M]．朱永新，译．北京：教育科学出版社，2016：19．

再骂了。事实证明道歉没门，而且女生又几次哭着跑来告小苗的状，说小苗不但不道歉，反而比以前骂得更凶了。班主任再次找到小苗问为什么不知悔改，他的答案和上次一样。除了再说一遍上次的话，班主任想不出还能说些什么，也想过把那个女生从小苗前面调到别的位置，但又觉得这样做自己太窝囊了，伤了自己的专业自尊心。在女生家长的强烈要求下，只好把女生调到别的位置上。可是，就在调整了座位的第二天，相同故事再次上演，理由还是看不惯。

小苗的妈妈说每次班主任电话里反映孩子情况自己都觉得不好意思，挺对不起班主任和“受害者”的，于是把孩子狠狠教育一番，爸爸也因此揍过这个“熊孩子”。妈妈央求我给其支招。

我除了平时掌握这个家庭的一些情况外，还深入地找到班主任汪老师，了解具体情况，当汪老师向我说起这件事时，她的眼睛依然是红的。她说对于这样的学生不知道该怎么办，后来还专门找到小苗侧面了解相关情况。

根据汪老师反映的这些情况，我初步对小苗的情况作了判断：妈妈爸爸平时整天在超市忙于赚钱，孩子几乎没有时间和精力关照，平时的管教简单粗暴，造成了情感与教育上的缺失；父母近似抛弃他这件事，对已经有自尊心的小苗来说，是一种心灵的打击；他没有养成尊重他人的习惯，不能控制自己，随便找茬，他连续骂两个女生并不是针对某一个具体的人看不惯，此举只是想发泄心中的怨愤和委屈。对

于这样的孩子，我建议这位善良的妈妈首先想办法改变其家庭环境，多抽时间陪陪孩子，多关心他一下，不要试图一下子把他身上的毛病改掉，先不要提他骂人的事，看看他对什么感兴趣，尝试着慢慢走进他的内心世界，然后再纠正其身上的不良习惯。

两个月后，一次偶遇，妈妈兴奋地告诉我，小苗的老师说他现在不骂人了！还帮着同学做值日呢，还帮助我做店面经营统计。我问这位成功的妈妈都采取了什么绝招。她告诉我，那天我们交谈之后，她回去想办法接近小苗，寻找他的兴趣爱好，试着走近他。后来，她发现小苗对计算机特别感兴趣，班主任也说他在这方面有天分，什么东西一教就会。于是打算从这一点入手走近孩子，当他完成作业时，我就将超市一天经营数据交给他处理。起初，小苗有点不相信汪老师会这么看重他、信任他，但他还是表现得非常高兴。看到孩子井井有条将数据归类和分析，以及做好的一张张统计表格，我兴奋地说："太棒了，真了不起……"坐在旁边的小苗自豪地笑了。孩子在我这里找到自己的价值，成就自己的满足感，从而改变对待周围环境的态度。

案例反思

上述案例描述的小苗转变的经过，一方面展示了整个教育过程的复杂性和创造性，也是个性化的；另一方面可以从中领略到教育孩子，尤其是家庭教育，是一门十分微妙的无形的艺术，那就是当孩子感到家长和老师在教育他的时候，他会产生逆反心理，甚至认为周围都不信任他，因此心怀不满，从而发生无理抗争情况，毕竟正处于青春期的少年，原本叛逆心理就容易膨胀。他不但不会接受家长和老师“显性”的批评，反而会“顶风作案”，屡教不改，且屡试不爽，形成恶性循环。当我们仔细分析小苗整个教育过程，不难得出以下结论：老师口头批评、给学生调座位、争取家长配合等方式，妈妈训斥，爸爸打骂，并没有帮助小苗改正错误。对小苗来说，这种“显而易见”的批评教育方式由于过于直接反而不能被小苗接受；后来，家长和老师决定试着走近小苗，发现了他的优势（计算机才能），请他帮忙处理数据，却使他改掉了骂人的毛病。事实上，小苗改掉了骂人的毛病不过是一个显性教育的结果；整个教育过程背后潜藏的实质是：家长和老师在了解孩子的基础上，选择了走近小苗，发现他的长处，使他获得自我价值和最亲近人的认可，这就在他的心中重新点亮了一盏灯，慢慢融化那长期郁结在孩子心头的“坚冰”。妈妈貌似对其骂人事件忽略，但潜移默化使一个心中充满光明和温暖、对人重新建立起信任的孩子认识到，满口粗话、与人为敌是不对的，与自己的身份不符，因此他决定以善意回报善意，以信任回报信任。这样以一种近乎无痕的方式取得了教育的成功，就是春风化雨，水到渠成。这里化教育于无形化干戈为玉帛，是一门非常微妙的教育艺术，是苏霍姆林斯基在深刻洞察、了解孩子心灵的基础上总结出的宝贵经验。当孩子越不知道你在教育他，你获得成功的可能性就越大。

教育艺术就是遵照教育原理、相应法则、教育目的和美学要求，充分发挥教育情感的功能，灵活运用语言、表情、动作、心理活动、图像组织、调控等手段，为取得最佳教育效果而施行的一套独具风格的创造性教学技巧和手段。

对于教育艺术，不同的人有着不同的理解和认识。它属于教育实践活动的范畴，是一门高度综合的艺术，更是一种教育智慧，具有形象性、情感性、审美性，还具有表演性。笔者认为教育艺术最重要的表现是其创造性，具体表现在过程的新颖性、灵活性和高效益，能解决教学中存在的各种复杂教育问题，展示出的独特风格，从而增加实践者的独特魅力。苏霍姆林斯基一贯的教育理念：不要让孩子感到你在试图教育他，要润物细无声，千方百计与孩子建立共同的兴趣，要善于理解其心理变化，发现能响应我们召唤的那一隅。这样，教师就更容易克服那些妨碍教育的不利因素。

这就是极其微妙的教育艺术，也正是教育的伟大之处。

策略与方法

在家庭教育过程中，家长要不断提高教育艺术，充分调动各种手段，使孩子接受知识变得相对轻松和容易；同时，利用精湛的教育艺术来影响孩子的品德、知识、技能、智力、个性和审美等诸方面的发展，激发孩子的学习兴趣和热情，以提高各类活动的主动性、积极性和创造性，丰富想象力，推动他们不断向新的目标迈进。

1）家长必须掌握孩子成长的规律

“教育”一词，在英语中则表示“自然成长”；在德语中的意思是“唤醒、引导”。这就表示，如果我们不了解孩子的成长规律，就无法对孩子进行教育，无法让孩子自然而然地长大。掌握孩子成长的规律，即在了解认知、情感发展规律的基础上，确定家庭教育内容，选择正确的家庭教育方法等。家庭教育的实践证明：孩子普遍易于接受的规律是从具体到一般，即从感性到理性。对孩子进行家庭教育首先要把握好期望的“度”，让孩子“跳一跳，够得着”。本案例中，班主任要一下子将孩子骂人的毛病改好，不出现反复的难度很大。其次要克服从众心理，期望要符合孩子的特点。尊重孩子的个体差异，根据孩子的实际情况和行为确立阶段性培养目标。再次要消除唯我独尊的心理，获得孩子的认同，彼此成为真心朋友。孩子的发展是有规律的，不是家长一厢情愿的事情，家长的期望只有获得他们的理解才能转化为实际行动，因此家庭教育首先应当尊重其能动性，尊重他们的意见，最大限度地调动孩子自身的积极性，才有可能变为现实。另外，案例所说要走近孩子，但到了青春期，孩子就开始渴望有自己独立的心理空间，叛逆心理加强，不希望别人随意闯入这个空间，因此父母不要盲目闯入孩子的私密空间，要争取他们的理解，否则就是对孩子的不尊重和冒犯，这会让孩子反感甚至愤怒。

2）家长必须把情感融入教育过程中

情感之于孩子教育，犹如能源之于发动机。愤怒出诗人，激情见水平。家庭教育中的情感则是另外一种景象。把情感贯穿整个家庭教育，家长精力充沛，气势旺盛和神采飞扬，就会感染孩子，调动他们的求知欲和同理心。本案例中，孩子父母

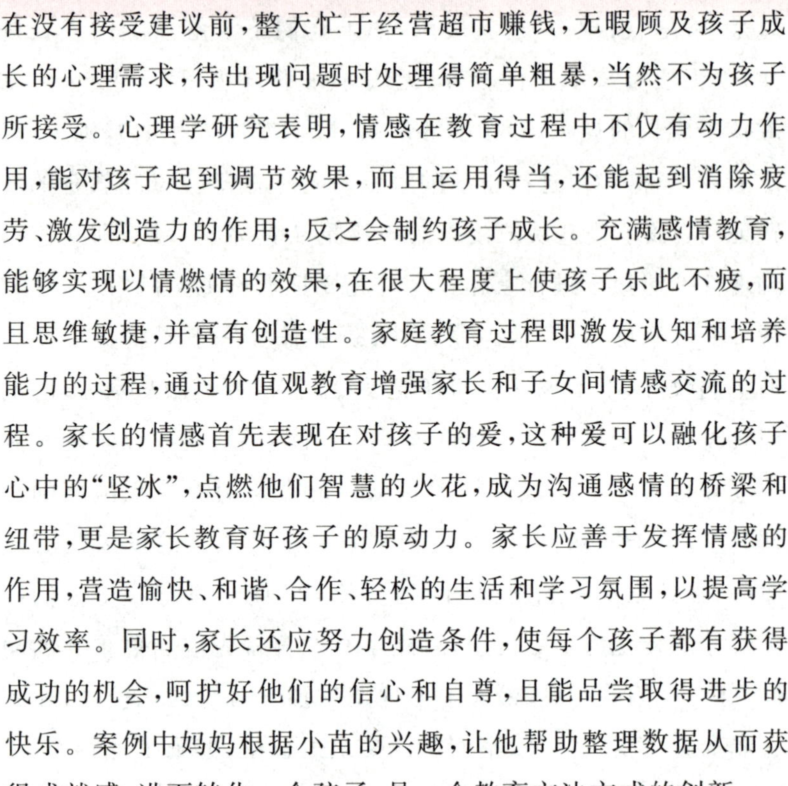

在没有接受建议前，整天忙于经营超市赚钱，无暇顾及孩子成长的心理需求，待出现问题时处理得简单粗暴，当然不为孩子所接受。心理学研究表明，情感在教育过程中不仅有动力作用，能对孩子起到调节效果，而且运用得当，还能起到消除疲劳、激发创造力的作用；反之会制约孩子成长。充满感情教育，能够实现以情燃情的效果，在很大程度上使孩子乐此不疲，而且思维敏捷，并富有创造性。家庭教育过程即激发认知和培养能力的过程，通过价值观教育增强家长和子女间情感交流的过程。家长的情感首先表现在对孩子的爱，这种爱可以融化孩子心中的“坚冰”，点燃他们智慧的火花，成为沟通感情的桥梁和纽带，更是家长教育好孩子的原动力。家长应善于发挥情感的作用，营造愉快、和谐、合作、轻松的生活和学习氛围，以提高学习效率。同时，家长还应努力创造条件，使每个孩子都有获得成功的机会，呵护好他们的信心和自尊，且能品尝取得进步的快乐。案例中妈妈根据小苗的兴趣，让他帮助整理数据从而获得成就感，进而转化一个孩子，是一个教育方法方式的创新。

3）家长必须尊重孩子的主体性

家庭教育中孩子的主体性就是要求尊重孩子的差异和个性，根据孩子不同发展阶段，鼓励孩子去探索、去实践。家长应该利用高超的教育艺术手段吸引孩子的注意力，激发他们的学习兴趣和热情，调动学习的主动性、积极性和创造性，丰富他们的想象力，推动学生不断向新的目标迈进。首先，在观念上，家长应该把孩子看成是未来生活的人，是个有待完善的孩子，多考虑孩子的健康心性，而不是他们的考试成绩，更不要因为暂时的或者某些方面的落后就随便给他们贴上无能的标签。其次，家长应该随时注意提升自己的语言修养和行为规范，有时说话的方式比说什么更重要，用适宜的语言成就一个孩子。最后，家长应当像跟志同道合的朋友那样和孩子相处，保持适当距离，同享胜利的喜悦，共担失败的忧伤。“是的，每一个教师都应该记住，你不仅是教师，更应该是孩子志同道合的朋友。当孩子把你看成是他的朋友，你对他的教育才会成功。”①

---

① 苏霍姆林斯基. 苏霍姆林斯基教育箴言[M]. 朱永新，译. 北京：教育科学出版社，2016：12.

三、情感培养

情感是人对客观事物是否满足自己的需要而产生的态度体验，包括道德感和价值感两个方面，是态度这一整体中的一部分，具体表现为爱情、幸福、仇恨、厌恶、美感等，其表达模式可分为对物情感、对人情感，是态度在生理上一种较复杂而又稳定的生理评价和体验。家庭教育中对孩子情感的培养和训

练，是对孩子的一种特殊的价值关系不断发展和完善，具体包括信仰的树立、品德的修善、性格的陶冶、精神的充实等内容，是对情感的品质特性进行塑造、调整和改变，是人对于价值关系的认识能力与反映能力的培养，还包括对意志的自觉性、能动性、自制性、坚韧性、独立性、果断性和倾向性进行培养与训练。

1. 为了中考体育拿高分，家长让孩子吃兴奋剂——到底谁该“吃药”

一个人严守诺言，比守卫他的财产更重要。

——莫里哀

诚信是人类的无形资产，诚信教育是对孩子人生的一种道德投资。因此它对于孩子来说是非常重要的，也许以后会影响他们的一生，必须成为家庭教育的重要内容。诚信中，诚是诚实，信是相信，诚信则是“人文”的一种，它要求孩子要有正确的道德观、讲文明，实事求是，是社会主义核心价值观的重要内容。在家庭生活中，诚信是沟通的语言，是和睦的家庭护理，一件小事，因为诚信，大家彼此原谅；在学校，诚信就是真实的自己，是进步的不竭动力，一次考试能很好地验证真实的自己；在社会，因为诚信有助于赢得自己的人生，因为诚信我们拥有了整个世界！然而，在功利面前有时诚信经不起诱惑。

案例呈现

案例

自从体育加试成绩计入中考分数以来，如何立竿见影提高孩子的体育分数困扰着广大家长。每年中考后，不少家长群里都在私下交流体育中考的“过关秘籍”。其中很多家长认为“现在不拼一把，以后就没机会了”，于是让自己孩子提前几个月就服下兴奋剂。

网上流传一个帖子，化名为小伟的同学就读于北方某省重点初中，该省中考体育总分50分，计入初中学业考试总分。中考前小伟妈妈张女士(化名)心急如焚。因为小伟平时体育测试成绩是39分左右，其他同学大部分都在46分以上，50分的孩子也很多，仅体育一门就差别人10分，对孩子的影响太大了。“50分，在中考中足以改变一个考生的命运。”

为了让孩子在中考中取得一个好成绩，以便考入当地一所重点高中，在中考是决定命运的考试的认识强烈刺激下经多方打探，张女士用上了非常手段，在没有顾及安全情况下让小伟提前一个星期服用一种含有麻黄碱的药物。麻黄碱能起到兴奋作用，考试的时候再喝两罐功能性饮料，应该多少会起点作用。

体育成绩公布后，小伟的分数是46分。小伟能考到这个成绩自然很高兴，也承认“可能考试时拼尽了全力，也可能是吃药、喝饮料起了作用吧”。但他可能从来没有考虑过药物是否会导致不良反应以及是否违反相关考试规定，更将考试公平和诚信抛至九霄云外。

据调查在中考体育测试中服用含兴奋剂的药物并非个别现象。在另一所中学就读的小超（化名）则在母亲刘女士的安排下提前几个月就服用了另一种含兴奋剂药物，最终取得了47分的成绩。张女士说：“相比于小超让小伟提前一个星期吃，已经是后知后觉、不负责任了。至于有啥副作用，以后再慢慢补回来。”

（资料来源：为了中考体育拿高分，家长让孩子吃兴奋剂——到底谁该“吃药”[EB/OL]. http://news.sina.com.cn/o/2017-07-13/doc-ifyiamif2853971.shtml，2020-07-13.）

案例反思

国家是希望通过中考体育测试，引导学校、老师、学生、家长重视学生体育锻炼，从而提高身体素质。但实践中体育和其他科目一样，也应试化，而且在“考什么，就教什么；教什么，就学什么”的教招考一体化思维下，有过之而无不及，因为服食含有兴奋剂类药物在很多家长看来成本小，见效快。部分学生平时不重视体育，在考前才临时突击，由于担心临时突击效果不好，就出现请人替考、弄虚作假，甚至不惜以伤害身体为代价，让孩子吃兴奋剂等现象。

但在教育界，诸如此类的功利做法是普遍存在的。比如，有家长为了满足规定的加分条件花钱给孩子买专利、买论文；

针对高校自主招生，有的家长行贿招生办和主考老师等；更有甚者唯恐孩子“输在起跑线上”，不惜严重违反孩子成长规律，把三四岁的孩子送去奥数培训班，将本来用作休息的暑假当作“超越”时间。

案例中的父母没有意识到吃兴奋剂对孩子的身体有伤害，后悔“吃晚了”，当有人提醒时反而认为以后可以“补回来”。有不少舆论称教育如此功利，难以想象。据有关专家介绍含兴奋剂的处方类制剂或治疗目的性较强的药物，不是万能的，许多家长根本不懂这些，只是在盲目跟风，结果可能适得其反。医学实验证明，是药三分毒，长期服用如麻黄等对青少年的身心健康会造成危害，多次服用很可能导致失眠、焦虑、体重降低、依赖成瘾、脱水、四肢震颤、心速和血压增加、中风概率增加等危险。用药不对症基本等同毒药，容易诱发身体原有的疾病。北京体育大学科学研究中心运动营养研究室主任曹建明介绍，咖啡因可以减少人体疲劳感，能起到提神的作用，运动前适当服用能提高运动能力，但这种天然中枢神经兴奋剂最大的特点就是让人上瘾。

当然存在的就是合理的。有舆论认为当前学生学习很辛苦，没时间锻炼、准备中考测试项目，家长选择中考体育测试中给孩子吃兴奋剂也是无奈之举，因此表示“很理解”。对于中考体育测试中吃兴奋剂的做法本质是作弊，不仅背离考试初衷，还破坏基本的考试诚信和公平原则，发现之后应取消具有此类作弊行为的考生的中考体育成绩，直至取消中考资格，不能总担心处理会不会影响孩子的前途，会不会激发矛盾，而只对家长进行批评教育,那考试就将没有基本的规矩,诚信教育会失去存在的平台。

对此,有人质疑将体育作为必考科目的意义,认为这除增加学生负担之外,并没有促进学生体质提高,反而强化了应试化倾向,还不如取消。但笔者认为考试后诚信教育才是解决问题的关键。

策略与方法

1）强化对学生进行有公信力的综合素质评价

目前,教育行政部门对学生中考体育成绩采集是将平时体育成绩和统一测试成绩合在一起评分,但由于学校给学生的平时分数基本都是满分,无评比价值,因此只有强化统一测试比重。但这种做法并没有让学生更重视体育,平时不重视体育锻炼,到考前再突击,则更强化应试教育力度。为此,教育部门要扩大学校的办学自主权,同时推进中学办学改革,真正引导学生重视体育,强调学生平时参与体育锻炼的表现,强化对学生进行过程性评价,建立多元评价体系,扭转唯分数论。这一方面要求学校对学生开展真实、公正、个性化的评价,提高对学生综合素质评价的公信力。曾如有关专家建议那样,增强学生体质,避免考试弊端,首先应加强对学生、家长的宣传引导,同时对体育考试进行相应的改革,不再“一考定终生”。社会、家庭和学校形成教育共同体,让每一个青少年养成终身运动的好习惯。

另一方面要提高学生身体素质,必须对中学体育教育教学

进行改革，给孩子们更多自由发展的空间，而不能将体育课视为让学生练习跑步、引体向上、仰卧起坐这些考试项目，应该让学生自主选择参加喜欢的项目和活动，成为某一运动队的运动员，成立体育俱乐部、运动队，通过参与运动队的训练、比赛，培养学生的体育运动兴趣，提高体育运动技能。学校应把考核细化到平时的基础锻炼中，增加学生参加运动队的表现性评价，使体教结合成为现实并提高学生素养的生长点。

2）加强诚信教育

人无信不立，商无信不通，国无信不稳；多一份诚信，就会少一份黑暗，多一份阳光。诚信不是一个人的事，要靠我们大家共同身体力行，需要一步步的积累，要经得起时间的考验，从生活中每一件事情做起。

(1) 诚信教育应该从娃娃抓起。要想使孩子从小就诚实守信，必须要从幼儿园和小学就进行诚信教育。少年儿童的头脑就像一张白纸，从小接受什么样的信息和思想，其言行处事就会受其影响。但首要的是以诚相待，尊重他们的人格权利、身心发展规律。

(2) 诚信教育的方式方法要多种多样。鉴于孩子的个性、能力、经验、学习方式等方面存在差异，只有根据不同的教育对象采取不同的教育手段，结合其特征，避免单一的教育方法，防止枯燥无味和简单粗暴，才能取得比较理想的教育效果。作为家庭教育的重要教育者的长辈要学会抓住身边事，当作教育的个案，提升孩子的诚信意识。

(3) 要建立诚信教育的系统格局。诚信是立人之本，相应的教育是一项系统工程，需要家庭、学校、单位和社会诸方面密切配合。家长是孩子的第一任教师，家长的言行对孩子产生潜移默化的影响。在家庭教育中，家长要做到言行一致、给孩子起到表率作用。所以和孩子在一起时，一是重言教，二是重身教，身教重于言教。用自己良好的道德品行去感染孩子，为孩子树立榜样；通过孩子的道德和“良心”的培养进行诚信教育。

(4) 进行诚信教育的同时辅之以诚信管理。诚信教育仅靠正式经营机构未必能取得理想的效果，需要加强诚信管理，利用管理施教，建立相应的诚信制度、诚信机制和诚信措施，并坚持实施，做到赏罚分明，培养孩子自我控制能力和约束力。还可以通过抗诱惑和道德意志培养来进行诚信教育。例如，讲一些民族英雄的故事，为孩子树立榜样；有意识地创设一些道德两难情境，启发孩子思考，培养批判性思维。

(5) 利用教材等媒介强化孩子诚信品质。美国波士顿大学教育学院设计的教材非常有创意，为了突出诚信方面的内容，其中一篇课文讲述了这样一则故事：一位古代西班牙国王要选择继承人，于是发给全国所有孩子每人一粒花种，告诉他们谁最后种出最美丽的花谁就是未来的国王。在参评时，绝大多数孩子都端着自己种植的美丽鲜花，并声称是自己种出来的且振振有词，只有一个孩子端着空无一物的花盆前来，说自己没有种出国王所说的花。但这个孩子却被选中了。原因是这些花种都已经被蒸过，根本不会发芽。很多孩子忽略了参选测试不是为了找到最好的花匠，而是选出最诚实的孩子。因为我们知

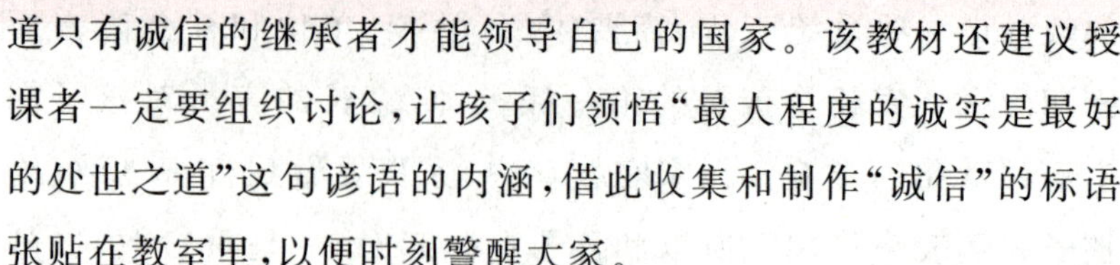

道只有诚信的继承者才能领导自己的国家。该教材还建议授课者一定要组织讨论，让孩子们领悟“最大程度的诚实是最好的处世之道”这句谚语的内涵，借此收集和制作“诚信”的标语张贴在教室里，以便时刻警醒大家。

2. 面子教育是对孩子的另一种伤害

在影响学生的内心世界时，不应挫伤他们心头中最敏感的一个角落——人的自尊心。

——苏霍姆林斯基

生活中，“炫”作为中性词意思是“光明照耀”，“炫目”一词就是这个意思，但也可以视为贬义词，意指夸耀卖弄，如炫鬻。如今的“互联网+”时代，各种终端为人们“炫”提供条件。于是乎，各种“炫”的东西琳琅满目。有炫财富的，有炫夫妻恩爱的，有炫晋升的，炫包包，炫豪宅，炫豪车，炫爸妈，比比皆是。但在当今孩子几乎成为家庭全部的背景下，炫孩子成为寻常事。有的家长炫别人家孩子，除了艳羡外，还有对自己孩子的失望和期待，而炫他们牛的家长只能是虚荣心作怪。“你的孩子真厉害，哪像我们家的……”“你看看那个谁……多棒啊”，这类话语对中国孩子已经司空见惯。有些孩子是被赞扬的那个，而有些孩子是被“贬低”的那个。事实上，一个人炫耀什么，就缺少什么，一个人在意什么，就自卑什么。对孩子肆无忌惮地“炫”，无论是否赞扬，这位家长是否想过孩子的心理感受？

案例呈现

案例一

暑假期间，孩子相对空闲，恰逢一老乡携妻女从老家来上海游玩，于是约了其他几位熟悉的老乡小聚。五个家庭、五个孩子，再加上几位老人，十几号人，就这样围坐在一大桌上。聊着聊着，话题就聚焦在了几个孩子身上。

作为工薪阶层的郭同学说："哎，目前我们两口子这点工资全投资在女儿身上了。不委屈孩子，在家里还花钱给她买了台上万元的钢琴，这样每周要学两次舞蹈、一次钢琴。令人欣慰的是，女儿总算学出点样子。这不是吗，我闺女上周被电视台节目组选上了，正式积极准备，每班仅挑两个小朋友去跳舞啦。这说明我们女儿在老师眼里还很有资质，钢琴老师也说这孩子韵律感强，并且告诉我们如果加强培养，在音乐方面会有出息的。"

罗总听了，眼睛顿时亮了起来，一本正经地说："我们整天忙着经营，没有时间带着孩子参加各类技能班，但我们坚持每天晚上给孩子讲故事，读童话书。令人惊讶的是，儿子不到六周岁，竟然一边听我们讲故事一边认得了好多汉字，并对故事情节逐渐产生了新理解。当下，专注力不错，甚至能自己阅读一些简单的故事，一般独自看书能长达半小时。"

刘同学当即说道："我们家孩子在语言方面也比较好，三岁时能背的唐诗就有六七十首。现在三年级，是班里语文课代表。但为了孩子全面发展，我们对她要求挺严，语文作为爱好和特长应该坚持，但还要确保不偏科。所以目前考试门门优秀。"

几位老乡的家庭聚会变成了各家的"花式秀娃"，几个爸妈越聊越开心。大家从天赋夸到懂事、独立、才艺。这中间还有位妈妈要自己孩子当场表演刚刚学过的舞蹈。

来自老家这位老兄没有就自己孩子说什么，一直在附和。后来私下找我聊天获悉，或许受条件限制，或许是认识方面的原因，他们家的孩子现在没报什么培训班，只会各种淘气捣蛋，就是不用心读书。中间也尝试给他报班上过两次体验课，注意力完全不集中，影响别的同学，惹老师很不开心。和其他孩子相比，这位爸爸的言语里流露出无奈，更充满着焦虑。

案例二

我邻居家的女儿和我同龄，是和我从小的好朋友。但自小就比我长得略高一头，每次考试成绩差不多，旗鼓相当，只是她才艺更多一些，生活中比我懂礼貌，说话时比我喜欢笑。但在印象中我们的父母很少拿我俩进行横向比较，每次考试后双方父母充其量若无其事问问对方孩子的学习情况。就这样我俩没心没肺地快乐长大。初二时因为单位房屋拆迁，各自搬家，一时间就失联了。我还是后来听说她考上省外的一所重点高校，学的是审计专业，念大学时拿过一等奖学金；大学毕业后她回城考上了本市的公务员，成为光荣的女警察，也算圆了一个梦想。两周前，一次偶遇，我碰见她的妈妈，顺便问道她的女儿如今当上女警，按照当时成绩以及这么好的专业，会不会偶尔也有一点不甘心，很多学审计的进了银行、会计师事务所、第三方评估机构等，还有进投行的，年薪直奔百万，不知道要超过公务员多少倍。她妈妈很笃定地说："这个不会。她已经学会了不去跟别人比。每个人的境遇和生活都不一样。她同学有的已经收入很高、前途无量，但既然选择了这一行的'好'，就不用再羡慕'另一种好'。这样的工作和生活才踏实，才能尽心尽力做好自己，多进行纵向比较，自己的生活一直在前进就 OK。"

案例三

前两天，我老婆和邻居两位妈妈结伴去超市购物，要把隔壁两个小姑娘安排在我家。女儿一听好高兴，这下有小伙伴了，可以和小朋友一起吃饭、做作业、玩游戏，感受一下大家庭的氛围。

但事实上情况远比我想象的复杂。

两个小孩一跨进我家门，觉得什么都新鲜，玩这玩那，不亦乐乎。对玩具本身的兴趣远超过了和谁一起玩的兴趣，完全忽略我女儿的存在。而我还一个劲地给她俩做好保障和补给工作，拿玩具、拿好吃的、照相，怕她们孤单，怕怠慢了小客人，还陪她俩一起玩，我本人也没意识到冷落了自己的女儿及其感受，并且还埋怨女儿不热情，没有主动照顾做客的小朋友。

直到两位妈妈购物回来，热情洋溢地把孩子接走后，女儿走过来愤愤地说："我应该把小黑板藏起来！还有那些玩具。"我不解地怔了一下，以为女儿变得自私起来。但此时女儿竟委屈地扎在妈妈怀里哭了："讨厌爸爸！"

我明白了，女儿的心灵受伤了。或许认为小朋友就喜欢玩玩具，不喜欢她。老婆紧紧抱着女儿，安慰道："好了，不哭了宝儿，妈妈爱你！"女儿却应道："爸爸不爱我！"此时我的心里不是滋味。反思一天下来发生的事情，在对待小朋友的过程中，确实冷落了女儿，行为越位了，忽略了小客人是女儿的朋友，理应由女儿接待并加以组织，我的越俎代庖无意中剥夺了女儿的"主权"，自然伤害了这颗幼小的心灵。女儿的伤心又让我感到些许欣慰，女儿长大了，有了情感和主动性，以后必须尊重孩子的自主性和顾及她的感受。

案例反思

虚荣心人皆有之，每个人都希望把最好的一面展示给别人，把艰难不堪的一面收为己有。

因此，大多数家长炫自己孩子说穿了不过是图个“心安”，并非恶意，以此表明自己对孩子的爱和育儿道路上不为所知的辛酸，证明有过真心热血的付出所得到的回报。这种行为本身除了对孩子的自豪，更多的是自我宽慰。而生活中为炫耀攀比现象比比皆是。曾有报道称，一位南京家长对记者说，因为钢琴无法携带，错过很多能炫耀的场合，对自己当初让女儿学习钢琴的事情后悔了。事实上，没把握好“炫”的力度，难免会对孩子造成伤害。作为新生代父母不能再让孩子受到“面子教育”的影响。

再回到案例一情形。这位来自老家“只会捣蛋”的孩子，其未来就一定逊于其他三家的孩子吗？还很难说。再说，贪玩、淘气是小男孩普遍的天性，一味读书往往不利于健康成长，“发散性玩”的方式是一种基于好奇的探索和认知世界的过程；儿子闲不下来说明其喜欢搞事情凸显的是他的热情、主动和冒险精神；孩子的“破坏”行为是锻炼自己的手眼协调能力，“自说自话”有助于提高思维能力，语言沟通能力，不断“试错”和“冒险”等探究行为是发现什么是正确做事情的方式，进而促进其全面发展；发呆、奔跑、大笑，肆无忌惮地嬉戏，往往能促进孩子的脑干发育，激发和调动大脑神经的高度活动能力，创新性、灵活性、适应性的根本就在于孩子无意中的运动。总之，玩是孩子的天性，不好玩的孩子反而不正常了。

事实证明，每个孩子都是一个独立的个体，是发展中的“半成品”，都在刻画自己独特的生命发展轨迹。因此，案例二中的

家长能够理性地看待孩子的成长，不去跟风，从不炫耀孩子；也不因为看似平常和无从炫耀而盲目焦虑，甚至放弃对孩子的教养。这样的家长既能理性地看到别人孩子的优势，更善于发现自己孩子身上的亮点；以自己的“平常心”，身体力行地告诉孩子，什么是对的，什么不该如此；他们能够依据孩子的天性，帮他们找到真正适合的成长路线，并潜移默化地告诉孩子胜（优）不骄、败（弱）不馁的道理，并用自己足够的自信鼓励孩子不断踏实努力，去做更好的自己。

“炫孩子”“晒娃”的家长往往忽略了孩子的感受，没有尊重孩子心理发展规律，拿别人家孩子“会说流利的英文”和自己家孩子“ABC 都认不清”比，拿别人家孩子“能唱很多歌”和自己家孩子“五音不全”比。这明显是一种心虚的表现，借助于《田忌赛马》里的战术，拿别人家的强项和自己家的短项比，达到满足虚荣的效果。再者说，在信息时代，家长的人才观和成才观应该加以调整，认同孩提时代的模范生未必同于未来社会的精英。加德纳的多元智力理论告诉我们，孩子都有自己的智力强项，“好学生”必然把更多精力聚焦在书本和课业上，积累很多知识和技能，但那些看上去没那么好的学生，却可能无意间把自己的强项发挥得淋漓尽致，在情商、财商、玩商的提高上投入更多精力，说不定哪一项，就能让他未来在多元化的世界里，大放异彩，实现人生的价值。另外，一些教育观念必须加以改正，例如，孩子的成长是一个充满变数的复杂过程，在知识和才艺上的暂时领先优势是微不足道的，未必能说明什么，生活中后来居上、出现逆袭和反超的例子比比皆是。事实证明，今天的家长对孩子不遗余力地夸耀，有可能成为明天自取其辱的经典案例。

大多数孩子的认知处于懵懂状态，对自我的认知来自于身边人，尤其是最亲近家长的评价。公开场合的炫耀，可能强化孩子对某项行为的认同，而不适宜的炫耀有可能助长孩子的虚荣心，反而毁了孩子。当孩子当真认为自己就应是优秀、闪亮和高人一等时，他们的弱项就被所谓的强项淹没，因此容易形成骄纵、自以为是、目中无人等人格缺陷，贻害无穷。

有些孩子由于缺乏辨识能力，容易陶醉于家长用“赞美之词”所编织的那个美丽世界里，家长每一次的表扬就等于一次次加固了自我想象的围墙。长此以往，孩子们会更敏感、脆弱，很难经得起考验，更害怕批评，以至于经不起小小挫败，心性变得越来越弱。还有一类孩子整日沉浸在家长“夸赞”中，无形中产生一种惯性，别人夸耀成为满足其进步的驱动力。他们为了满足家长的期待而努力学习，会因此失去自我，长大后多半更在意别人的看法，形成从众心理，缺少主见和基本判断力，为了赢得别人的肯定，而压抑真实的内心，其生活缺乏充实感。

一些家长不明白孩子的生活从来属于他自己，越俎代庖往往适得其反。他们是自己生活的编剧、导演，也是主演。案例三中女儿就是因为爸爸剥夺其“主权”而受到伤害，从而感到委屈。这就告诫我们家长，孩子有自己的生活方式，有自己的处世之道，越俎代庖往往适得其反。因此，聪明的家长不是早早就把孩子推向和他人比较的无尽深渊里，而是通过实际生活告诉孩子，生活不是过给别人看的，生活的好坏只有自己知道，也不用太在意别人的看法，做好自己就好。由此看来，家长不该逞一时之快当众夸耀孩子，却对其进行了另一种伤害。呵护好孩子自然成长的心灵和自尊是当务之急。

策略与方法

对一个家庭来说，每一个孩子都是降落凡间的天使，是一个个灵动的精灵，是一张张洁白无瑕的白纸，是一朵朵娇嫩、不沾尘埃的圣洁的莲，是家庭生活全新的开始。在以后的数载人生里会形成怎样的“三观”和品性，都取决于成长过程中家长给予的教育和引导。因为孩子要在全家人精心的呵护下茁壮成长，从蹒跚学步的周岁大宝宝，到聪明伶俐的小学生，再到听话懂事的中学生等。

1）树立正确的家庭教育观

案例中父母为孩子“炫”是一种回报心理在作祟，用孩子优异表现回报自己的付出，也是金钱在教育中的分量越来越重的表现，同时也意味着我们离真正的教育越来越远。

最近一篇题名为《月薪三万元，还是撑不起孩子的一个暑假》的文章在网上热传。文章中一位在企业当高管、月薪三万元出头的妈妈，因为孩子一个暑假就花了三万五千元，连新衣服都快不敢买了。文章还就孩子暑假教育投入支出算了一笔账。很多家长也感同身受跟着文中的这位妈妈在教育消费上作如是之叹。家长们如此抱怨，一种可能是矫情，另一种可能是觉得实在太贵，却不得不花。但这份暑期教育账单内含的逻辑是，只有金钱才能买来好的教育。

就影响孩子成绩的主要因素而言，只有学习方法或许可以通过课外培训习得，其他都不是金钱就能解决的，培养孩子的阅历、视野、兴趣等似乎与金钱有关，但两者不存在必然关系。

（资料来源：冰启．“月薪三万元撑不起暑假”不过是教育炫富[N]．北京青年报，2017-07-28.）

表面上来看，孩子家长的受教育程度越高，投入的金钱越多，这看似和金钱有关。但类似高知低识甚至高知无识的例子不胜枚举。在日常生活中，判断力恰恰是最重要的。期望用金钱买到最好的教育，才有孩子好的成绩和表现，这种观念本身就是不对的，让金钱投入成了教育孩子的致幻剂。事实证明，这是一种弊大于利的行为，不仅“买”不来好孩子，还会助长其养成懒惰、拜金、缺乏责任感等一系列坏习惯。教育是一种“慢生活”，不能靠金钱来催化。因此，家长必须以一颗平常心看待孩子的教育问题，不靠砸钱买优质教育，也不因孩子一时表现和考分而焦虑，要顺其自然，静待花开，关注孩子成长过程中的人格培养，发现和培养孩子的强项，克服其短板。

2）用爱来引导孩子关爱他人

爱是家庭教育的核心原则，但这里的爱首先是一种尊重，尊重的重要表现是呵护孩子的自尊心。自尊心是人们不断追求、进取向上的动力，希望别人肯定和重视以及自我肯定的一种积极情感，是生活的精神支柱。孩子有了自尊心，才能拥有自我，才能自爱、自严、自重，从而形成完整的人格。孩子有了自尊心，才能自我评价和自我监督，做了错事才能自责，进行自我教育从而完善素养结构。因此，尊重孩子是家长的重要道德要求，那种不顾及孩子自尊心大加炫耀是不负责任的行为。自尊心呵护也是孩子学会关爱他人同伴的前提。

孩子在成长过程中出现跌跌撞撞、磕磕碰碰是正常现象。每当他们跌倒或撞到了桌角时，本能地瞟过眼神看家长的反应，也是在求救。而家长过度反应是导致孩子哭闹的根源。因此，家长应该表现得云淡风轻，并说“哎哟，宝宝，你看你把小桌子都撞疼喽，快，咱们给桌子揉揉吧”。这一举动本身表明家长的态度，但并没有袒护之意，孩子即便稍感疼痛也只会憨憨地摸摸自己的小脑袋作罢。这样借机转移了孩子对疼痛的注意力，坚强起来，也可以慢慢引导对他人的关爱，学会移情性理解，培养他们的爱心。

3）强化孩子情绪卫生的辅导

爱孩子，应该说是作为合格家长的最基本条件，但爱孩子也是一种基本态度和能力。苏霍姆林斯基说：“我想给孩子们带来快乐，而孩子们的快乐，对于我就是最大的幸福。”只有爱得纯粹，不是施舍，不掺杂功利，把孩子放在自己的心灵深处，走进他们的情感世界，了解其喜怒哀乐，才能赢得孩子的心，与其共同成长。因此，家长要拥有一颗童心，以孩子的眼光来看待事物，时刻关注孩子情绪变化，适时加以辅导和矫正。作为家长首先要了解不同阶段孩子情绪发展的特点。小学阶段，孩子的情绪内容日益丰富，体验日益深刻，情绪趋于稳定且控制性增强，道德感、理智感、灵感等逐渐发展。中学阶段，孩子情绪活动表现出了丰富性和心境化，情绪体验表现出了冲动性，情绪变化出现了复杂与简单共存的两级性。

随着社会的发展和生活节奏的加快，长期激烈的学习竞争和各种强大压力，往往导致一些孩子的情绪处于不良状态，表现为紧张、焦虑、易怒、抑郁、恐惧、悲观、消沉、冷漠、嫉妒等。因此，家长要掌握控制和矫正孩子不良情绪的基本方法。例如教会孩子如何做情绪健康的人，学会自我赞许，教会孩子掌握自主训练法、合理宣泄法、呼吸调节法等常用方法。

3. 愤怒大于尊严下做出的选择真可怕

根本不该为取悦别人而使自己失敬于人。

——卢梭

近年来，随着国民经济的大幅度提高，我国城市发展突飞猛进，农村耕作机械水平全面推进，大批的农村剩余劳动力不断地涌向城市务工，为国家的繁荣、城市的发展以及整个社会的进步贡献着自己的力量。但在农民背井离乡，到经济发达城市打拼，在改变生活面貌的同时，相应的新问题即“留守儿童”问题却日渐突出。

有关数据显示，目前全国农村留守儿童约5800万人，其中14周岁以下的农村留守儿童约4000万人，平均每4个农村儿童中就有1个留守儿童。超半数的留守儿童父母在外务工，近半数父母在孩子6岁之前就离家外出务工，46.5%的留守儿童留守时长超过2年，32%超过5年。特别引人关注的是兄弟姐妹一起或独自生活，无长辈照看的留守儿童已多达205.7万人，

占留守儿童的3.54%[①]。这些留守儿童的教育问题成为社会关注的重要问题，家庭教育的缺失更使孩子成长受到严重影响，出现很多问题。

案例呈现[②]

案例

7月4日，“白衣天使茉莉花”的网民在微博自称是“受害人”的姑姑声称其侄女何佳佳（化名）被该校两位老师多次强奸，报案后公安机关却不予立案，并威胁恐吓她不让说出真相。她就“河南12岁留守儿童被校领导强奸”一事通过媒介发起求助。一条“血泪控诉”微博点燃舆论怒火，立即得到了广大网友的关注和响应，纷纷谴责公安局渎职，短时间转发量上万，众说纷纭，有出谋划策的，有表达同情的。舆论在相信“女童被强奸”的论调中，逐渐冷却、定型。各路“营销号”也纷纷进行转发。事情发生后，中国青年报·中青在线对此事进行调查跟进。但一周后，据中青在线消息，此事有了最新进展——经西华县人民医院检查，女童何佳佳（化名）处女膜“未见明显裂伤”。涉事女孩何佳佳（化名）

① 解决当前留守儿童问题的对策建议[EB/OL]. http://www.zytzb.gov.cn/tzb2010/jcjyxd/201603/ba2b0a31ac1e4bdb87186226aacabc4b.shtml, 2020-03-28.

② “12岁女童遭两老师强奸”闹得沸沸扬扬，结果女孩道歉：数字是编的[R]. 扬子晚报，2017-07-10.

是河南周口市一个留守儿童，父母在外打工，平时由姑姑和叔叔抚养，已经承认网帖提及老师并没有对其进行强奸，性侵情节系自己编造，并通过媒体向老师和社会道歉。“白衣天使茉莉花”的网民也为自己的鲁莽道歉。

案例反思

一段时间来，以“幼女”“性侵”等字眼为关键词的报道，在网上屡见不鲜。在这些报道中，有的确有其事，有的真相尚待查明，有的则是无中生有，由此而引起了全社会对此类问题的警醒和重视，但其中的不实之词同样值得我们警醒。

由此，笔者回忆起网站曾报道过这样一则资讯：一名老师被告发说强奸学生，在那个科技还不发达的时代，人们选择了相信学生，这位老师一辈子被人家瞧不起，到老的时候，学生才出面辟谣，说出真相，可老师被冤枉了一辈子，一个人只有这一辈子。

还有一则报道：以前一位小学体育老师，因为每次上课都让学生跑步、做操，学生们觉得非常讨厌，于是找几个女生到校长办公室说体育老师猥琐她们，这位老师被免去上课资格，去看学校实验器材。十几年过去，因为这件不光彩的事情老师被人家瞧不起，妻离子散又失业，当初恶作剧的几个女同学说起此事，哈哈大笑。

我们希望，“营销号”们能够加强自律，在按下转发键之前，想一想自己的社会责任，不要仅仅为了“流量”而大肆渲染一些

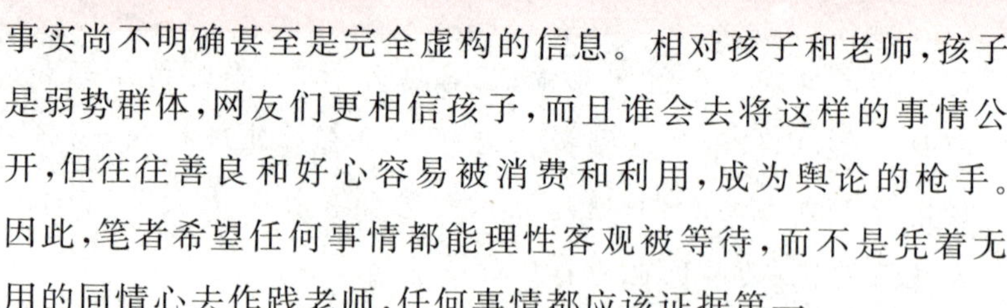

事实尚不明确甚至是完全虚构的信息。相对孩子和老师，孩子是弱势群体，网友们更相信孩子，而且谁会去将这样的事情公开，但往往善良和好心容易被消费和利用，成为舆论的枪手。因此，笔者希望任何事情都能理性客观被等待，而不是凭着无用的同情心去作践老师，任何事情都应该证据第一。

本案例的关键是这位孩子的姑姑在愤怒大于尊严下做出的选择引发的，其背后凸显的是家庭教育的缺失和失当，由此给孩子带来的影响若不加以干预后果是不堪设想的。

“留守儿童”是指农村流动人口在户籍地以外谋生或争取更好地发展时，把子女留置在户籍地而产生的一个特殊的社会群体。这中间情况很复杂，一般而言，具体是指与父母双方或者一方分离并“留守”在老家的少年儿童。

根据中国青少年研究中心调查报告，留守儿童问题主要体现在：意外伤害凸显；学习成绩较差，兴趣不足；社会支持较弱，心理健康问题比较突出；留守女童负面情绪相对明显；留守男童问题行为令人担忧；青春期叠加留守使得初二现象更为显著；父母外出对小学四年级儿童影响更大；寄宿式留守儿童对生活满意度相对较低；母亲外出的留守儿童整体状况欠佳①。

教育本是农村儿童的基本权利，是走向成功的阶梯，然而由于多方面的因素，这一特殊群体的教育呈现不均等的问题。

---

① 中国青少年研究中心，张旭东，孙宏艳，赵霞. 为留守儿童守住一片天——关于农村留守儿童群体存在问题及对策的调研报告[R]. 光明日报，2015-06-19.

在家庭方面，父母常年在外，缺乏及时、有效的家庭监护，亲子教育自然无从谈起，父母榜样作用消解。祖父母等临时监护人因年老体弱，加之教育观念落后和精力有限等多种原因无法认真行使对儿童的监护权，留守儿童生活中存在着诸多安全隐患。

在学校方面，农村中小学的教育投入主要来自当地财政收入，有限的资金投入难以为留守儿童营造有效管理和教育的氛围，尽管近年来采取多种举措，如部分学校建立了寄宿制，但难以弥合留守儿童在德、智、体、美、劳各方面与一般儿童之间的差距。同时，由于中国对心理问题普遍缺乏关注，明显缺乏心理学方面的培训，不了解孩子的疏导机制，对留守儿童而言亲情的缺失导致出现诸多心理问题相当严重，加之他们年幼无知，辨别是非以及自我保护能力低下，思想单纯，这些诱因很容易使他们受到伤害。

在社会方面，农村有比较传统的一面，然而外来文化借势于互联网的冲击，逐渐受到了现代社会开放思想的影响，一些唯利是图的农村商人打起了留守儿童钱袋子的主意，钻法律和制度的空子，兴办各种网吧、KTV 等娱乐设施，青少年受其好奇心驱使，在诱导下，加之自律性尚未成型，又没有自制力和判断力，一些儿童不可避免地沉溺于低俗的作品中，从而荒废学业，伤害身体，有的甚至走上偏激的犯罪之路。

策略与方法

儿童是祖国的未来，社会的希望，因此每一朵花朵都美丽，

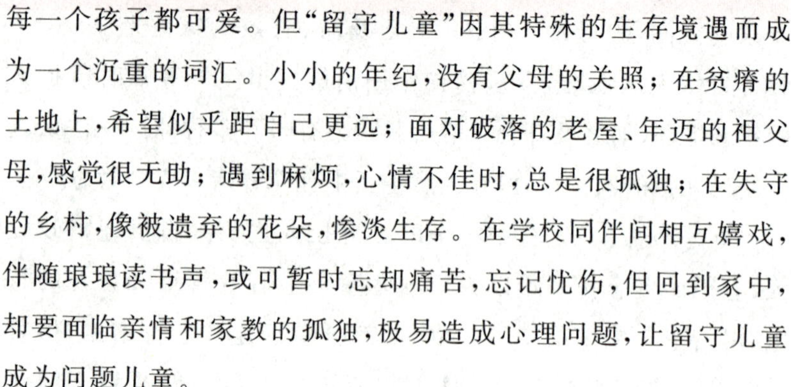

每一个孩子都可爱。但“留守儿童”因其特殊的生存境遇而成为一个沉重的词汇。小小的年纪，没有父母的关照；在贫瘠的土地上，希望似乎距自己更远；面对破落的老屋、年迈的祖父母，感觉很无助；遇到麻烦，心情不佳时，总是很孤独；在失守的乡村，像被遗弃的花朵，惨淡生存。在学校同伴间相互嬉戏，伴随琅琅读书声，或可暂时忘却痛苦，忘记忧伤，但回到家中，却要面临亲情和家教的孤独，极易造成心理问题，让留守儿童成为问题儿童。

1）矫正留守儿童监护人的教育理念误区

祖辈或代养亲戚一般为农村留守儿童家庭教育的主体（本案例中儿童是由其姑姑代养），他们或许认识到教育的重要性，感受到生活不易，但意识来源于实践，反过来又指导实践。在21世纪科技经济迅猛发展的今天，祖辈与孙辈所处的大环境有很多差异，祖辈们有通过孩子读书改变他们命运的愿望，但有些教育理念显得相当落后，不合时宜，也是不争的事实。在留守家庭中，祖辈们多受传统教育方式影响，认为农村孩子不会有多大出息，教育对孩子来说认几个字会算账仅此而已，文化不重要。再者，不管学历高低，外出打工或许是明智的出路，读书不如早打工早挣钱更现实些。于是对孩子学习的态度不闻不问，甚至阻挠孩子读书上学。因此，家庭教育动力缺乏和责任感不足导致农村留守儿童的辍学率很高。

另外，有的家长视学校教育为儿童教育的唯一途径，认识不到学校教育主体是大鹏，那么家庭教育和社会教育就是它的两翼，只有展开双翅，才能鹏程万里的道理。孩子在学校读书，所有问题自然应该由教师负责解决，出了问题毫无理性地找学校，这种家长大有人在，因此，我们甚至和学校没有任何联系。对儿童教育理解存在的这些盲点和缺失必须加以纠正。

2）强化留守儿童监护人的教育方法培训

生活中，多数留守家庭依靠务工加之省吃俭用，物质生活水平有了很大提高，抚养孩子的经济能力也有所提高。于是想到用丰富孩子物质和金钱来补偿自己对孩子没有尽到抚养义务缺憾的家长，往往对孩子百依百顺，溺爱放纵。大多数留守儿童的家长一年甚至几年回家一次（本案例中孩子两年才能见到妈妈一次，父亲不定期回家看望他们），而一旦回来就恨不得把全身心的爱都给孩子，忽略教育是有目的、有计划的实践活动，这样容易使子女养成乱花钱、摆阔气的不良习气。有的家长平时忙于营生，无暇顾及孩子的教育和管理，回家后却要一味补救，严加管教，大势确立各种规矩，结果适得其反，容易使孩子产生逆反心理。因此强化家长和祖辈家庭教育方法培训势在必行。

3）提高留守儿童监护人的教育能力

留守儿童监护人受教育程度一般不高，没有相应的教育和心理方面知识和实践经验，因此在认知和心理方面代沟比较明显，孩子生理和心理出现问题时就不知所措，甚至根本没有这方面意识。有些祖辈亲戚出于尽责的需要，一旦孩子出现问题便失去理性判断，情感战胜理智，造成无法挽回的局面。本案例中孩子的姑姑和叔叔就是在责任驱赶下，或推卸责任的需要，没有全面了解情况，进行及时沟通，一味想着维权，导致做

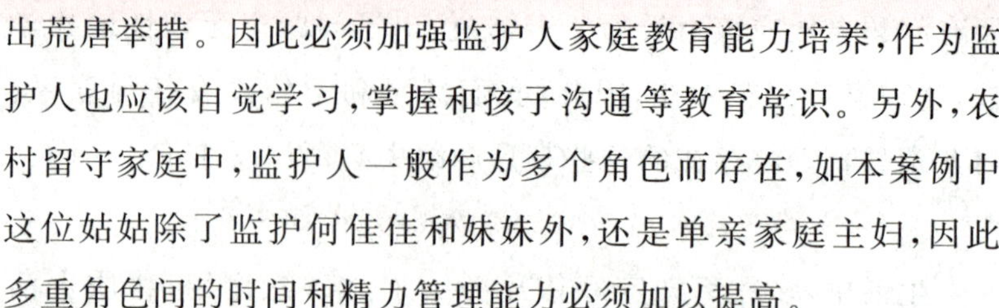

出荒唐举措。因此必须加强监护人家庭教育能力培养，作为监护人也应该自觉学习，掌握和孩子沟通等教育常识。另外，农村留守家庭中，监护人一般作为多个角色而存在，如本案例中这位姑姑除了监护何佳佳和妹妹外，还是单亲家庭主妇，因此多重角色间的时间和精力管理能力必须加以提高。

4）有意识地培养子女"自信、自立、自强"

莎士比亚说："自信是走向成功之路的第一步。""只有信心才能产生能力和力量，只有能力和力量才能战胜困难。"本案例中何佳佳如果足够自信，不至于出现感情上动荡，屈服于叔叔没经判断的要求。而留守儿童必须拥有的自信主要来源于监护人。因此，作为监护人应当帮助孩子认识到自己的优点和长处，要不失时机地鼓励和赞美孩子的每一次进步，以此增强孩子的自信心。当孩子遇到挫折和犯了错误时，家长应当帮助孩子分析原因，改正错误，使其不会因此失去信心。

"自立"就是自己的事情自己做。在生活中监护人必须有意识地培养孩子的自立能力。具体包括：孩子独立生活的能力、获取知识的能力、独立思考问题并做出决策的能力、理财能力、人际交往能力、自我保护的能力等。

"天行健，君子以自强不息。"农村小学"留守儿童"一生最可依赖的不是父母，而是自己的知识、智慧和汗水。因此，家长应当重视培养孩子的"自强"精神，应当有"父母打工，我们自强，昂起头，做生活的强者"的精神。在生活和学习上，凡是应该孩子自己做的，监护人不能越俎代庖。应当坚持一定的原则：你能做的，我决不替你做；你不会做的，我教你做；你让我做的,我得考虑该不该做。

5)加强“沟通”,架起父母与子女心灵的桥梁

农村小学“留守儿童”由于父母外出务工而无法陪在身边,他们经常感到孤单、无依靠,胆小,缺乏自信和安全感,易冲动和攻击他人。这时就需要父母与孩子之间进行沟通。通过亲子之间的密切沟通,可以让孩子拥有健康的心理状况,拥有快乐生活与学习的动力,使孩子的成长不迷失方向。因此,父母外出后应当与孩子保持密切的联系;当发现孩子犯错误时,父母要温和地运用沟通技巧使自己的想法变为孩子的自觉行为;家长一定要耐心地聆听孩子的诉说;要经常向孩子介绍自己的一些情况,让孩子知道他们的父母在做什么。同时要向孩子表达思念之情,让孩子感觉父母的“心”其实永远与自己连在一起,没有忘记自己,从而感受父母对他的另一种“爱”。

四、学习行为

家庭教育中所谓学习行为，主要是指在孩子先天素质的基础上，在以家庭主导的环境因素作用下，尤其是在家长影响下，以获取生活经验和习得知识为目的的个性化行为。父母在培养孩子良好学习行为习惯过程中起关键作用，但毕竟不是一个人的事情，也不是一个家庭可以独立完成的，它需要家庭、学校以及社会共同努力，最终才能形成。家庭教育对孩子学习行为的影响方式主要包含良好的家庭环境、家长学习习惯、适当的

教育方式等。当然，家庭教育要与学校教育、社会教育相互配合，紧密联系，良性互动，这样所产生的影响才能是有效的、一致的。在家庭教育中家长要提高对孩子良好学习行为习惯养成的重视程度，推动综合素质的提高，为孩子终身学习奠定基础。

1. 在孩子学习上父母的作为

在寻求真理的长河中，唯有学习，不断地学习，勤奋地学习，有创造性地学习，才能越重山跨峻岭。

——华罗庚

在孩子的学习上，父母都怀有一颗望子成龙、望女成凤之心，于是为了孩子成绩，没少给孩子买辅导书，请家教，报补习班，付出了大量的时间和金钱，但孩子依旧不能很快提高成绩，甚至出现事与愿违的情况。对孩子而言，学过的知识今天花了大量精力去记，过两天又忘了，再记再忘，如此反复，心理无形中形成了阴影，开始忌惮背诵，对于需要铭记知识点的政治、历史、地理等文科类学习就等于宣判了死刑。与此同时，孩子努力了但成绩一直上不去，等他们的自我效能感丧失殆尽，随之而来的是挫败感、失落感和无奈情绪等；兴趣、爱好、积极性等一系列学习问题都涌现出来了。久而久之，不思考、不阅读、作业马虎、各类拖延等导致理解力差，逻辑思维跟不上，学科知识难以体系化，孩子厌学、逃课的问题如影随形。这种结果是学校和老师尽力规避的，更是家长不愿意看到的，也不甘心。除了理性分析原因外，很多家长难免会抱怨孩子学习不够努力，甚至怀疑孩子智商有问题，心生天赋不足等猜忌。

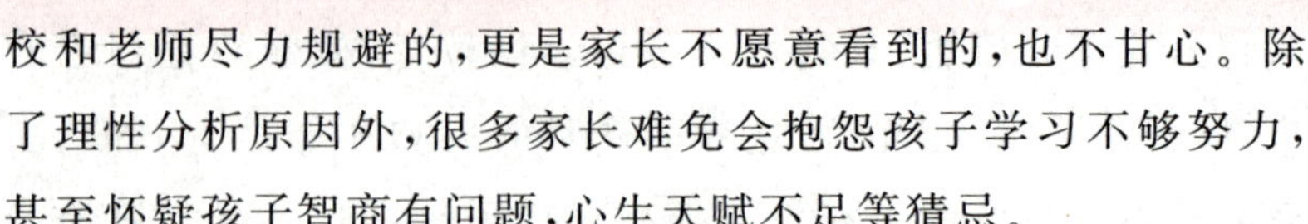

案例呈现

案例

“李老师，你说说我家儿子到底想干吗！就知道玩游戏混日子，心思根本不在学习上！这次期中考试在班里倒数，我们父子被班主任点名批评，老脸没地方搁！再这样下去儿子一生真毁了！！！”邻居老张开完家长会回家路上，看到我迎面便向我报委屈，让我出招。

“嘭”，我清晰听到老张儿子甩门而去的声响，似乎看到了孩子委屈的泪水瞬间模糊的双眼。

因为有事，我只好安慰老张，别急，先耐心问问原因，不要这样抱怨，对你们都不好。

紧接着的周末，老张拿着手机将孩子发给他的微信给我看。

爸爸：想了很久，我想就这次考试以这样的方式给您写这封信。如果当面说这次考试没有考好的原因，我也不知道为什么，你们肯定又要骂我不努力，为这样差的成绩找借口。说实话，你们总以为我不努力，其实我真的一直在努力学，但从初一开始，我感觉挺吃力的，成绩开始下滑，我很苦恼。

我以为，只要努力了就能进步。于是就拼命看书写作业，可不知道为什么我就这么笨，别人一个小时可以做完的数学卷子，我要花差不多两个小时，人家下课都在玩，我一个人在座位上刷题，现实给了我一巴掌……每每让您失望，陪着我挨批评！拿着卷子，我整个人都恍惚了，顿时浮现在大脑中的全是挨吵和您生气的样子，站在教室，我的心都是凉的。为了准备这次考试，我和最好的哥们儿都闹掰了，他几次约我出去玩被我拒绝了。说心里话，我想为你们争气，不想被人看扁，并努力提高成绩。但看到班里的前十名同学，该玩就玩，并没有我付出的多，但是每次作业、考试都比我好。我暗自思忖：难道我脑袋真的比他们笨吗？不是学习的料儿？还是方法不对头？我有点迷茫了，不知道该如何是好，但我没有就此放弃努力。你们说的道理我都明白，但是却不知道努力没有结果时我的绝望。面对你们一次次的责骂，我选择了放弃：上课睡觉、学校打架、去网吧玩游戏等消极对抗，自然就成了你们眼中的"熊孩子""坏孩子"。

看完老张儿子的短信，我和这位父亲心里都很不是滋味，相互对看了一下。老张自责道：看来我有问题，很多时候，看到孩子不学习、贪玩、成绩差只知道责备他，但几乎没有时间和耐心好好听他解释，也许他也不愿意解释了吧。

案例反思

对广大家长而言，学习成为孩子生活的重心，通过学习活动获得最基本的知识和技能，并在此基础上形成相应问题解决能力和正确的态度。但孩子学习既是一种艰辛而愉快的活动，又是一个极其复杂的过程。孩子因自主意识和主动学习能力有待提高，认识事物能力比较低，良好的学习习惯尚需培养，学习兴趣、方法和动机等需要有目的、有计划的培养和激发。到了中学阶段，各学科内容和要求无论是在广度上还是深度上都远远超过小学，课程内容科学性和抽象性明显提高，在学习方法方面，要求孩子独立分析和探究问题的解决，对学习材料要善于挖掘和提炼，因此，中学生应该学会合理安排自己的学习时间，制订切实可行的学习计划，课堂认真听讲的同时，还要记好笔记，并组织好自己的智力活动。课后还要独立完成作业，拓宽自己的知识视野。有关调查显示中学生学习必须重视学习兴趣和学习习惯的养成。① 案例中老张孩子经过努力成绩上不去，一方面没有养成良好的学习习惯，同时缺乏必要学习方法指导。但我们不能由此否定他的聪明和巨大发展潜力。因此，父母应该采取正确的教育姿态设法加以引导，使孩子的聪明和智慧发挥出来，同时采取合适的方式更易于让孩子接受。可见身为父母的我们在教育上理解孩子非常重要。

当孩子学习成绩难以提高时老师和父母都感到紧张，自然想到采取必要的策略。所谓学习策略，就是家长或者孩子自己为了提高学习效果和效率，有目的、有意识地制定有关学习过程的复杂方案以及实施方案的方法和技巧。它涉及学习时做

---

① 何艳茹.心理卫生与心理辅导[M].沈阳：辽宁大学出版社，1999：253.

什么不做什么、先做什么后做什么、用什么方式做、做到什么程度等诸多方面的问题，即学习过程中孩子选择、使用、调节和控制学习方法、技能技巧的操作活动。学习策略能够保证学习正常进行，避免可能出现的各种障碍，并提高学习效率。可见学习策略是成功学习的关键，一般而言，掌握学习策略主要包括获取知识的技能和调控学习情感的技能等。其中获取知识技能涉及预习、听课、复习、作业和评价等环节，主要包括记忆技能、理解技能、提取技能、运用知识技能等。调控心理状态包括掌握增强自信心技能、调节学习情绪、防止疲劳等技能。

策略与方法

1）鼓励孩子养成独立自主思考的习惯

家长要提醒孩子养成自己动手、动脑的习惯，遇到难题不要急于问老师和同学，自己要学会多思考，善于联想和发掘隐含条件，争取主动攻克难关，决不能抄袭。经过长期努力仍然解决不了或题目过难，家长可以给予适当提示，或让孩子请教老师、和同学研讨，但随时反思自己的问题症结所在，转化自己的认知。当孩子有什么新奇想法，家长应当对其创新和独立思考以及勇敢表达进行赞美，及时发现优点，表扬孩子对事物观察细致，思维严谨，勤思考、勤动脑等良好习惯，千万不要打击或者冷落孩子的自我表现和好奇心。当孩子学习累了，不要说“怎么不把精力用到学习上，还不去学习，整天就知道玩儿”之类的话，这样会使孩子丧失积极性和独立思考的意愿。

2）增强孩子的自信心

自信心就是让孩子相信自己及其具有的能力和智慧，相信别人能做到的自己也能做到。学习过程迸发的勇气和毅力可以克服学习过程中的种种障碍，最大限度挖掘自身潜力。因此家长要时刻帮助孩子克服“我是差生”“天生就不是学习的料”等错误认识。家长要帮助孩子正确看待成绩，善于发掘自己的长处，在学习遇到困难时给自己积极暗示，我能行。笔者认为平时的家庭教育中最重要的是让孩子体会到父母所给予的关爱，爱是无穷的教育力量，耐心陪伴能使孩子更轻松愉快地学习并且高效地学习。当孩子有问题需要解决又不想开口时，家长主动安慰和鼓励孩子坚持，必要时帮助孩子解决难题，千万不能让孩子产生自卑感，觉得自己问了很笨的问题。积极鼓励帮助孩子不仅很快爱上学习，还会独立学习，并随之对学习产生强大兴趣。

3）预防孩子学习疲劳

学习疲劳是指长时间从事学习活动而产生的学习兴趣下降、动机减弱、身体不适等现象。主要表现在打不起精神，精神疲乏，脑子运转比较慢，无法集中注意力，学习进度减慢甚至停滞，效率降低。学习疲劳可以分为生理疲劳和精神疲劳两种。它的产生源于两方面：一方面长时间学习大脑没有得到适当休息而产生的保护性抑制；另一方面学习压力过重造成过分紧张和焦虑。但学习疲劳是可以克服和预防的。为此，家长要保证孩子饮食结构合理，营养充足，以确保孩子生理正常发育，为孩子的学习补充充足的能量；要养成良好的生活习惯，如早睡早起等，保持精力充沛；积极锻炼身体，提高大脑的灵敏性，提高记忆力和学习效率；科学安排学习时间，做到劳逸结合，通常早上记忆力比较好，要抓紧时间让孩子进行背诵类内容的学习，学习一段时间要让孩子活动活动，再接着学习，这样可以减轻学习疲劳；不断变换学习内容和学习方式，如进行文理科交换学习，不同的学科运用的大脑部位不同，交换学科学习可以使大脑轮换休息，预防学习疲劳。家长要为孩子创造良好的学习环境，让孩子有一个好的心情是最重要的事情。房间温度过高和过低都会影响孩子的学习，过强的噪声和光线都会对孩子的学习产生影响，保持良好通风和干湿度等，让孩子愉快地学习。对已有学习问题可以借助专业方法进行校正。例如运用形象练习法，静坐后想象那些愉快的事情，精神轻松法等。

4）帮助孩子优化学习过程

在课前预习方面，学会选择预习时间；迅速浏览即将学习内容；带着问题边读边思考；做好预习笔记；根据不同学科特点采用不同策略。在听课方面，做好课前准备工作；抓住听课要点；以理解为主，耳、眼、手等多种器官并用；勇于主动发言和提问；适应教师的教学特点；学会做课堂笔记等。在复习方面，要及时复习，善于运用多种复习策略，如课前的准备复习、消除遗忘强化记忆的课后复习等。运用好尝试回忆法、要点法、比较法、概括法等。在作业处理方面，采用先复习后作业、仔细审题、独立做题、检验修改等。在学习评价方面，家长要教会孩子善于纵向比较，看到自己的进步，不要不切实际地进行横向比较，通过自我评价发现自己的不足，并善于发现别人可

借鉴的地方。

5）提高孩子学习意志力

一部分孩子知道学习的重要性，也想将学习成绩提高一个档次，但不能吃苦，缺乏坚持下去的行动和耐力。主要表现是不能按时完成作业，学习中遇到困难就垂头丧气，甚至一蹶不振；上课不能很好集中注意力，甚至做小动作和睡觉；心理上认为自己不是读书的材料，不愿意多钻研；不能很好利用时间，在学习过程中还不断做其他事情；经常立志，但下不了决心去执行计划；经常学习情绪很差，遇到挫折灰心丧气。因此，家长要帮助孩子制订切实可行的学习目标和计划，只有目标和计划明确才能有方向和动力；教育孩子平时从小事做起，在小事中培养智慧，磨练人的心性；坚持锻炼身体，身体是革命的本钱，是学习开展的生理基础；时刻提醒自己要努力，遇到问题不畏缩，鼓励孩子立长志而不是常立志。

2. 孩子沉迷手机影响学习怎么办

最好的教育是以身作则。孩子们对谎言或虚伪非常敏感，极易察觉。如果他们尊重你、依赖你，他们就是在很小的时候也会同你合作。

——甘地夫人

现代科技是一把“双刃剑”，作为高科技产物的智能手机如今作为生活的工具，不仅给通信交流带来方便，而且已经融入了孩子们的生活，有时甚至主导他们的生活，其中的游戏让他们着迷。在地铁上、公交上，随处可见一些小孩拿着手机低头专注地打游戏，或许在和小伙伴们聊天，出现大批的“低头虫”。

手机对那些自控能力弱、好奇心强、正处于学习知识关键时期的孩子，如果使用不当，则成为一剂精神鸦片，会让他们沉迷于游戏中，如果不加以控制和科学引导，很可能使孩子颓废一生，甚至发生惨案。孩子和家长、老师等关于“手机”引发的矛盾，更是愈演愈烈。据媒体报道，2009 年 2 月，天津一名 15 岁少年因为几乎一整天都在用手机玩游戏，其母亲出于关爱和怜惜对他进行批评教育后，这个孩子竟然用铁棍猛击打母亲头部，致母亲当场死亡。同年 6 月，苏州一名 16 岁青年因沉迷网络被父母批评后跳楼身亡。2017 年年初，抚州临川二中高三学生课间玩手机被班主任收走，随后通知家长，学生不满，持刀杀害收其手机的班主任……

案例呈现

案例一

家中时钟敲击了 23 点，豆豆屋里的灯还亮着，以送奶粉为幌子，妈妈好奇地打开他的房门。豆豆听见开门声，迅速把手机藏在面前的作业本下。发现此举后，妈妈觉得一股无名之火噌地一下上来了，几乎失控，歇斯底里道：“又玩手机，说你多少次了，屡教不改，玩手机耽误作业已经不是一

次了，而且对你的视力影响很坏，再这样只有把你的手机没收了。”

豆豆被这一突如其来的批评弄蒙了，红着脸，匆忙解释道：“知道了，只是利用手机查个资料，确认一下老师布置的作业，没干别的。”

“骗鬼！”妈妈夺过手机，果然手机上呈现的是游戏的视频，还伴随游戏音乐。

容不得孩子撒谎的妈妈更生气了：“每天为了你的学习成绩能赶上去，不惜熬夜陪护，又担心你累着，饿着，准备了你最喜欢吃的东西，你倒好，作业不做，沉迷于玩手机，居然学会撒谎了，对得起谁呀！”

经不起啰唆的豆豆也急了，委屈道：“在学校老师管得紧，一旦发现就没收，憋了一天了，回到家又要完成作业，一刻也不能放松，生无可恋，活着有什么意思，干脆让我死了算了。”说着扔了手机，气呼呼去客厅了。

望着孩子的背影，妈妈惊愣了，陷入困惑的思忖中。为了联系方便，上了初中就给他配了智能手机，感觉他一直在用手机玩抖音、打游戏等，家长又逼不得、说不得，更打不得。现在居然用死来威胁。

案例二

童童爸爸为了惩罚孩子沉迷手机，上星期把他的手机收缴了。

前天妈妈心疼孩子没有手机会感到失落，于是陪孩子出门转转，分散一下注意力。童童见到一个小吃店，告诉妈妈说自己想去买点吃的东西，妈妈欣然答应了。但这位妈妈在车上左等也不见童童回来，右等也不见其踪影，无奈之下将车靠路边停下，去小吃店看看。

妈妈几乎找遍整个小吃店，急出一身汗，最后发现童童正在店里一个角落，全神贯注地玩着手机。童童一看见妈妈进来，红着脸赶紧收起手机。

妈妈此时恼羞成怒了，逼问他手机从哪里来的，他很不情愿地回应说是借同学的。母子间为手机多次发生冲突的画面浮现在妈妈眼前。此时这位妈妈反而镇定下来，只是告诉他尽快还给同学，今后不许找同学借。妈妈心想：借手机还好，如果从家里偷钱买，……妈妈不愿意再想下去了。

从这件事我们发现一个事实：采用没收孩子的手机来强行制止其玩手机游戏效果不大，可能适得其反，而且内含隐患。

案例三

安迪出生在相对富有的家庭，玩 iPad 而经常忘记喝水吃东西，忘记日月星辰的轮回，完全成为 iPad 控，有过玩手机“辉煌”经历：由于玩 iPad 入迷，从家里的楼梯滚落并摔断两颗门牙。安迪的妈妈为此多方求助，有人建议她尝试做了下面的举动。

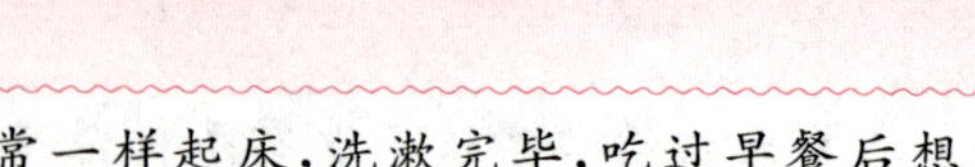

一天，安迪像往常一样起床，洗漱完毕，吃过早餐后想玩iPad，竟然发现手机上面贴了一条小纸条，曰：

iPad被密码锁定，即日起实行手机使用新规：将手机游戏和家务事绑定。孩子你每天可以选定做完三件家务就找到解锁密码。新规定将维持1～2周，视你的表现再作调整。你有权拒绝，但你的iPad在后天会被转送他人；如能接受，那就开始行动，现在先去清理你的小书桌。友情提示：超过下午2点，就会错失获取密码的机会！特立新规。

妈妈

安迪被突如其来的钳制气傻了眼，手机游戏瘾像蚂蚁般在爬，但妈妈不在家，无法央求，只好将书桌上凌乱的书本整理好，这时发现一锦囊，曰：真棒，第一件家务完成很好，接下来请将厨房间的餐具清洗干净吧！妈妈相信，你肯定行！

安迪打开水龙头，倒上洗洁精干了起来，在归拢餐具时发现灶台下有一锦囊，曰：孩子真行，你的努力大家都看到了！我为你的进步感到骄傲，将厨房地板清理一下，顺便将碗洗一下，并丢掉垃圾，你就能找到密码。安迪按照妈妈的指示完成任务后，拿起厨房的垃圾袋丢到路边的垃圾桶，在桶边发现一行类似密码的熟悉的文字！安迪这下全明白了，妈妈设定密码有效期是不超过下午2点，因为每天下午2点密码条就会被社区的垃圾车拉走！

事实证明，一周后，安迪的兴趣发生了转移，对 iPad 不那么热衷了，逐渐爱上打篮球了，聪明妈妈的新规定，不仅在一定程度上限制了孩子玩 iPad，还借此让孩子养成做家务的好习惯，这是一次家庭教育的胜利！

案例反思

对孩子沉迷手机这个难题，有两种家长：强硬派和软弱派。强硬派家长的做法直截了当：没收手机，或卸载手机中的游戏。如果孩子再犯，就打骂一通。软弱派家长面对孩子的哭闹和胡搅蛮缠，只好举白旗投降，听之任之。这两类家长的做法产生的结果可想而知，都不会理想的。强硬派家长的做法可能引发孩子对父母产生怨恨；缺乏自律的孩子很可能会偷偷借同学的手机玩游戏，像案例中的妈妈所担心的那样，偷钱买；家长监督的成本很高，手机、平板电脑会经常被拿去玩，孩子也容易学会欺骗父母。

软弱派家长的做法会让孩子为所欲为，为达到玩游戏的目的，强化不良习气，会习惯性地用发脾气来控制甚至要挟父母。长此以往，孩子常常冲动、任性，无法控制和管教，并成为“被宠坏的孩子”，以自我为中心、自私自利、不懂得合作。

当今时代是以信息技术为支撑的“互联网+”时代，手机、计算机作为信息接收的终端，成为生活的工具，完全融入了包括孩子在内的广大人群的生活。因此，家长应意识到：既然成为孩子移动信息的终端，鉴于孩子的天性，他们对于电子科技产品的便捷性和重要性及其产生的好奇心,防是绝对无济于事,绝对不会减的!诚如案例描述的,即便在家里禁止接触,但在好奇心和现实需求的驱动下,孩子在学校、社会中早晚会接触到。如果将这么一个生活的工具当成妖怪,采用"围堵"的方式把孩子跟手机隔离开,对于孩子的成长来说不是好事。在孩子逆反心理作用下,会激化孩子的好奇心,对手机的兴趣更浓厚,如案例中的童童,更容易沉迷其中。因此严禁孩子玩手机对阻止孩子沉迷游戏的预期效果不会好到哪里。

实践和科学研究结果都证明,沉迷手机对孩子身心健康和良好生活习惯的养成十分有害。加拿大研究人员发表的调查研究结果显示小孩频繁玩手机,大量的电磁辐射对生长发育不利,使用智能手机等智能电器的时间越长,语言发育迟缓的可能性越大,小孩经常玩手机,活动自然就会减少,容易引起运动功能低下、身体发育推迟、身材长不高等,甚至还会引发哮喘等多种疾病。实践中长时间玩手机容易导致视力下降。长期沉迷于玩手机会使孩子变得越来越孤僻,整日沉迷在网络虚幻世界,迷迷糊糊,不愿与外界交往,性格也越来越怪异,很容易诱发他们自闭症、孤独症等心理疾病;还导致注意力、记忆力下降,从而使孩子成绩直线下降。澳大利亚流行病学家艾布·拉姆森教授的一项研究表明,爱发短信的青少年,由于精力不集中,思考问题难以深入,凡事急于求结果,性格比同龄人更冲动,会在做事情时只追求速度,而忽略准确性,极大地影响他们良好的思维习惯的养成。孩子们有了手机也方便结交男女朋友,容易产生感情纠纷,导致校园欺凌暴力事件的发生,更有甚

者和混社会的同学做出违法违纪的行为。因此，家长必须对孩子沉迷手机进行管制。

策略与方法

孩子对手机依赖很大，但控制和围堵不是良策，因此家长首先要分析自己孩子依赖手机的原因是什么，并据此给予孩子恰当的引导和科学的规定，让孩子正确地使用手机，发挥其正能量，方为上上策！

1）家长以身作则

“其身正，不令而行；其身不正，虽令不从。”作为孩子的父母，在阻止孩子不要经常玩手机和自我放纵，每天埋头玩手机，两种相反处理方式面前，相应的效果当然不会好。这种情况下家长说话没有分量，孩子们会说“只许州官放火，不许百姓点灯”。无形的影响很坏，因此制止孩子沉迷手机的最好教育一定是家长的以身作则，成为孩子最好的榜样。首先，家长在孩子面前应该尽量减少玩手机的时间，多陪孩子玩游戏、读书。如果你真的想对孩子负责，建议你在陪孩子时自觉地关掉手机，或者放在看不见的地方。其次，如果家长确实有些事情需要通过手机处理，要真诚地告诉孩子你是在处理工作，尽量不要当着孩子的面使用手机，避免因此而激发向往。工作处理完立马放下手机。确需借此娱乐放松一下，尽量选择在孩子睡着以后。

2）不将手机作为安抚孩子的工具

生活中，孩子往往缺乏自制力，当想玩什么东西，而愿望得

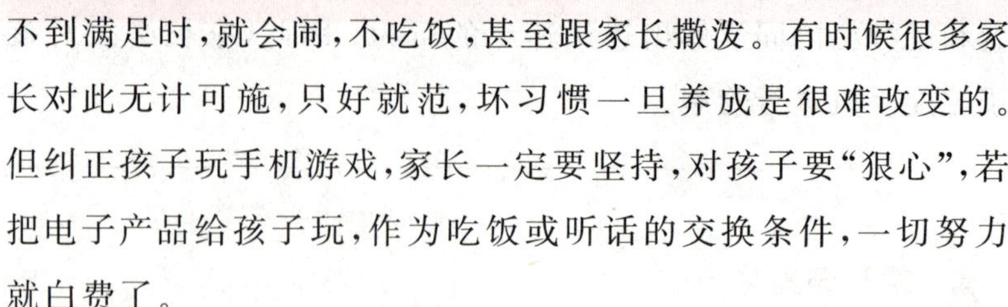

不到满足时，就会闹，不吃饭，甚至跟家长撒泼。有时候很多家长对此无计可施，只好就范，坏习惯一旦养成是很难改变的。但纠正孩子玩手机游戏，家长一定要坚持，对孩子要“狠心”，若把电子产品给孩子玩，作为吃饭或听话的交换条件，一切努力就白费了。

3）引导孩子树立手机使用的正确态度

任何事物都有两面性。适当玩手机还是有些好处的，可以让孩子放松，繁忙的学业也需要一些自我发泄。毕竟死读书的年代已经过去，手机已经成为重要的学习工具，有助于孩子查找资料，能帮助孩子丰富信息量，让孩子学到很多知识。所以对孩子用手机要保持客观的态度，要给他们规定好时间和规矩。一旦规矩定好要严格做到。规定时间一到，就不能再玩了。例如满 3 岁的孩子，允许玩手机，但每次要控制在 10 分钟之内；如果孩子要看动画片，每周只能看一集，且控制好每集动画的片长。

另外，可以尝试单独留出一部手机，关闭其上网功能 ，专门安装一些适合小孩看的动画片、音乐以及一些益智类教育游戏等。

4）利用参加户外活动分散孩子的注意力

很多家长往往顾着自己工作忙，家务忙，忽略了孩子的心声和需求。因此，经常会听到孩子抱怨说“都没人陪我玩”“真无聊啊”。孩子只能看网剧，玩网络游戏。手机自然成了他们的第一陪伴者。有人说陪伴是最好的教育，家长应该安排好自己的时间，多带孩子去外面玩耍，既可锻炼身体，也可陶冶情

操，强化问题解决能力。

5）提前达成协议引导孩子

事先的约定比任何惩罚效果都好，也更容易实施。例如，家长每次给孩子玩手机前，要先跟孩子达成协议，比如案例三中，妈妈让孩子做完作业或者做完家务，才能玩一次手机。这样可以培养孩子的劳动意识、尊重意识和规则意识。当孩子想玩手机时，要自己找密码，密码会每天更新，增加孩子的探究意识和好奇心等。

3. 家长控制是孩子产生厌学情绪的根本原因

海不辞水，故能成其大。山不辞土石，故能成其高。明主不厌人，故能成其众。士不厌学，故能成其圣。

——管子

孩子是映照父母行为的镜子。

——斯宾诺莎

很多家长都在为孩子有厌学情绪，不愿意去学校学习而发愁。事实证明，强制要求肯定会让孩子逆反，但是该怎么做，大多数家长不是很清楚。所以在生活中，家长究竟应该怎么做才能提高孩子的学习积极性呢？

这类孩子内心是有上学愿望的，只是一时学习困难或某种潜在原因恐惧上学，这种恐惧心理是成人无法理解的。这是孩子的意志力与品行出了问题，是一种心理障碍，通过心理调适

等及时处理是可以修复的。威逼或通过控制孩子上学可能具有暂时的效果，但不是根本的问题解决之策。家长应该采取科学方法，少一些控制，多一些自主，并对孩子进行心理调节，让孩子自己克服厌学，走出厌学的阴影。

案例呈现

案例一

在家庭教育中经常听到父母脱口而出发号施令的话。

“不要自己倒水，小心烫手！”

“不要碰那个，小心伤到！”

“这不需要你操心，你管好学习就行了！”

“听我的，别自己瞎弄！”

“我跟你说了你为什么不听？”

“都说了不让你这样干！”

……

（好像被控制下的孩子怎么做都是错的，但家长们却不知道，这些话正在悄悄地影响着孩子的一生。）

下述情形想必大家并不陌生。

孩子牙牙学语时，家长喂饭；

孩子初入校园时，家长喂“知识”；

孩子成长时，家长喂“人生计划”；

……

（“喂”式教育可能会使孩子暂时取得“好成绩”，但往往忽略了孩子的选择权，甚至造成厌学情绪。）

案例二

女儿快2岁时为了工作方便，妈妈断了她的母乳。那时的女儿比同龄的小朋友都瘦小，妈妈非常担心。为求心安，断奶之后善良的妈妈每天换着花样给她做饭，包饺子、炖汤、煮小米粥，……生怕孩子因饮食搭配不当而营养不良，同时还担心孩子会打翻碗、弄脏衣服，所以一直给她喂饭吃。在妈妈看来这就是爱，而完全忽略女儿自己的感受。越俎代庖之举没有让女儿体验到自己吃饭的快乐，错失很多试误的机会，选择自己喜欢的食物的权利自然被剥夺，当然妈妈也无从知晓孩子真正喜欢什么食物，心理倾向发生了什么变化。到女儿读小学一年级时，她突然讨厌吃排骨了，连一口猪肉都不愿意吃，三年级时很多荤菜都无法进入女儿脾胃。妈妈这时有点慌了，担心因此而影响食欲，进而影响孩子成长。妈妈反思一下以前的做法，最终结论是一直以来“喂”女儿，而且“喂”的食物差不多，每顿饭基本都有一个猪肉炒菜，一天一个汤，排骨汤居多，而且每次给她喂饭都是一口荤菜、一口蔬菜、一口汤、一口饭，从来没问过孩子的口味和感受。

五年级时的一天，女儿突然跟妈妈说：“您能否让妞妞妈妈也把她们学校考过的单元测验试卷发给我看看？”

“你要这个干什么?”妈妈不解地问。

女儿诡异地一笑:“作为考试前复习的分析材料,只想看看题型,我不会抄的!”

妈妈这时才意识到问题的严重性,坚决地摇摇头:“不行,这样考出来的不是你的真实水平,我们不能这么做,我希望了解你现在的学习情况!”

女儿委屈而不乐意地回应:“照你的说法,妞妞妈妈为什么每次都要您拍摄我考过而她们还没考的试卷给她呢?”

妈妈被问得不知所措。

妈妈现在回忆起女儿提到的一幕,有点后怕。家长怎么会这么关注和对待孩子平时的测试?而且这种“用心”已然影响甚至毒害到自己的女儿。

案例三

小时候习惯性被父母控制的孩子,长大后在接人待物等方面不会有太大改变!

姐姐现在已经成人了,而且成家立业,有了自己的孩子,但每次从超市回来,妈妈总是关心地问:“买了什么,花了多少钱?”偶尔的敷衍,她便会打破砂锅问到底,翻购物袋查小票价格,以便弄清楚原委和证据。

待证据确凿后,妈妈会进行评论并啰唆起来:“这个那么贵,家里有的还可以凑合着用,为什么还要买啊?那个没用,却要浪费钱!”

对此姐姐也会怀疑自己的判断和审美，甚至怀疑过自己的“三观”有问题，开始重新评估自己的人生，有时认为“自己就是个一无是处的人”。

妈妈的控制与洗脑有时让姐姐自我暗示地默认自己这么懒，这么蠢，一无是处：婆婆的不待见隐约让她相信自己照顾不好自己的孩子！

妈妈控制甚至喂养大弟弟就更加可怜了。

弟弟是妈妈在高龄时生下的家里唯一男丁。因此弟弟从小便集万千宠爱于一身。如今25岁的弟弟每天只做三件事，吃饭、睡觉、打游戏；完全不工作、不出门、不社交。每天说得最多的一句话是：“妈，我吃什么？”

弟弟丧失了生存的基本技能，成为一只被圈养在家的宠物。我开始担心等父母老了动不了甚至离去的那一天，弟弟该怎么活。

案例反思

案例一中这位妈妈通过给孩子喂饭失败经验的反思认为，这种剥夺孩子选择权的“喂”也不能用在学习上，应该尊重孩子的自主权，调动自己的能动性，让她慢慢学会主动而自由地学习。尤其是孩子写家庭作业时，不应该过多干涉，相信孩子通过思考和查阅资料是能写得又快又好的。别的家长问起育孩经验时，这位妈妈非常坦然地说，也没什么诀窍，就是让孩子知道学习、写作业等都是自己的事，作业先写哪项、后写哪项、怎

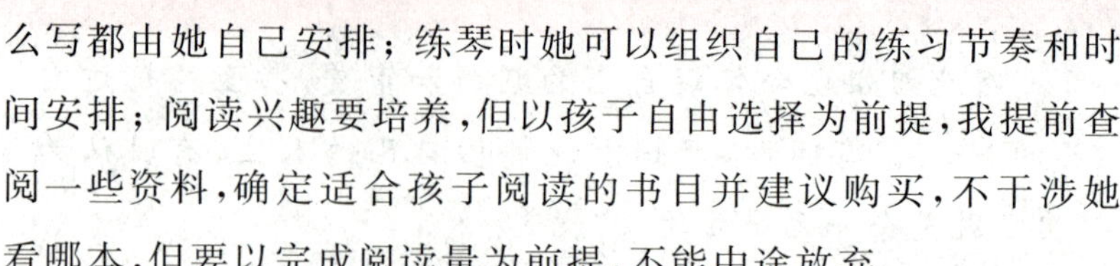

么写都由她自己安排；练琴时她可以组织自己的练习节奏和时间安排；阅读兴趣要培养，但以孩子自由选择为前提，我提前查阅一些资料，确定适合孩子阅读的书目并建议购买，不干涉她看哪本，但要以完成阅读量为前提，不能中途放弃。

其实给孩子额外布置作业，把孩子课余时间安排得满满当当的；帮助孩子完成力所能及的活，如收拾学习用品等，家长也会一直处于代办、包办状态；给孩子安排课余时间的活动，盲目地给孩子报各种培训班等都是在“喂”孩子。这种“喂”因缺乏理解而使孩子永远无法独立，从而丧失自理能力，轻则导致“挑食、厌食”，重则厌恶人生。

有的父母甘作“铲雪机式家长”，就像一台榨汁机，打着爱孩子的幌子，无休无止地压榨孩子玩耍的时间，遏制自己孩子的天性，泯灭其分散性思维。殊不知，不给孩子自主的机会，完全没有考虑他们的感受，往往会使其丧失生活和学习兴趣和信心；以为了孩子成才为由，剥夺孩子选择和犯错的机会，家长最终也不知道他的喜好和“短板”，这样可能会毁掉孩子的未来。一些用心良苦的家长为了“喂”孩子知识，竟然事无巨细关照到了孩子复习哪篇文章、哪道题，为了所谓的“考好”，帮助孩子作弊。

不管是“喂”知识，还是“喂”人生计划，都是对孩子的不信任和权利的剥夺，都是一种潜意识地剥夺孩子的生活，也是错位的育儿方式。孩子是一个独立的个体，各自的花期不一样，家长应该尊重他们选择的发展方向，营造良好成长环境，适当进行管理和关照，而不应该拔苗助长。孩子应该有自己玩耍、探索、思考的时间和空间，应该拥有选择人生道路的权利和能力，也必须承担失误的后果，也应该有属于自己的成长经历。

以爱为由一直“喂”孩子，其实就是控制孩子及其成长。实践证明，在父母控制之下长大的孩子，个性往往是软弱无力的，就像从未长大，对能够养育好自己的孩子缺乏自信。照顾孩子的权利自然而然地又被剥夺而揽到长辈身上。

孩子成长过程中控制主要表现在过度包办：给孩子安排太多计划、事无巨细地管孩子，会殃及他思想的活力与独立性，把他们的生活控制得太死。作为家长必须考虑孩子将生活在什么样的未来中。但这个愿景和图像不是靠家长主观想象所能控制的。儿童茁壮成长所需的不是控制和着重于教化的狭隘抚育方式，最佳的土壤是适切的爱和安全感。

现代家长事无巨细的管理与不可知的外部世界极不匹配。打破习惯性防卫，建立绿灯思维，沉迷于“家长”这份工作和所谓爱心，试图塑造我们的孩子，让他们快乐、顶着高分和成就的光环、准备好迎接未来。但事实是混乱，可怕的危机潜伏在四周，他们根本无法控制。因此家长应给予子女充分信任，必须全面放手，把眼光放长远，让孩子开辟自己的前进方向，相信控制是最坏的教育。

策略与方法

孩子课堂上学习态度不积极，缺乏主动性和自觉性等，是典型的厌学迹象。据统计，80%以上的中小学生，都或多或少

有厌学的情绪，面对这种情况，焦虑、责骂和不知所措是大多数家长的常态。

1）全面了解孩子厌学情绪产生的原因

尽管有些家长抱怨孩子不愿意上学，读书不用功，并为此整天忧心忡忡。但事实上，大多数孩子愿意通过学习去了解新事物，从而积累大量的新知识，而家长是孩子的第一任老师，家庭作为孩子的第一所学校，其言行、修养和教育方式对孩子有着不可磨灭的影响。面对孩子的厌学，作为家长不要惊慌，和孩子以及老师做好沟通很重要，应先检讨一下自身有无以下行为。

(1) 一味地实行高压政策。整天给孩子灌输学习的重要性，没有给孩子留有自由时间和相应空间，强迫孩子从事大量背诵和识记方面知识内容，强化逆反心理，视学习为负担，导致不愿继续学。

(2) 期望值过高。整天希望通过学习改换门庭，光宗耀祖，不能容忍孩子有丝毫过失，为此放弃休息，陪孩子弹琴、画画、练舞蹈，反而增加了孩子的心理、身体上的压力。

(3) 太过溺爱孩子。喜欢陪读，一切包办代替，养成孩子依赖心理，久而久之，孩子学习意志薄弱，难以独立地解决遇到的问题，缺乏学习的自觉性，从而失去体验独立解决问题后的成功感，生活自理能力的丧失等都是自然而然的事情。

(4) 对孩子学习知识的目的定向有失偏颇。有些家长持有强烈的功利之心，经常灌输错误言论："要好好学习，否则只能去扫大街、干刷盘子等粗活"等，导致学习的功利性过于强烈，做有违身心发展规律的事情。另外，强化考试重要性认识，甚至采取舞弊等行为帮助孩子提高所谓成绩，孩子体验不到获取知识本身以及自身成长的快乐，将注意力集中在外在的学习成绩评价。

2）激发孩子的自我向上意识

家长可以和孩子一起，分析发现学习上的优势与长处，增加自信心；列出曾经做过的有成就感的事，在孩子学习遇到困难有退缩情绪时，回忆一下曾经拥有过的"辉煌"，增加一下自我效能感。家长在激励中提高孩子学习勇气，从而唤起其心灵深处的向上意识。在孩子通过努力取得一定成绩的时候，家长要有针对性地予以肯定，甚至给予奖励。在孩子学习遇到困难和环境不利时，家长要陪伴孩子，提供必要的帮助。告诉孩子学习是自己的事情，通过学习可以增长知识，了解丰富世界，从而树立正确学习观。

3）积极为孩子创建能发挥他们特长的舞台

学习是一项复杂的心理活动，家长能为孩子做的只有提供环境，即创造条件帮助他们健康成长，发展其个性。比如，多鼓励孩子参加"校园演唱会""朗诵会""体育竞赛""艺术创造"等一系列的课外拓展活动，提醒孩子注意观察，勤于思考，充分调动孩子的积极性和主动性，激发创新思维，使他们的才能得到发挥，从活动与分享中看到自己的优势，感受成功的喜悦，消解学习困难带来的酸涩，进而逐步消除厌学情绪。对广大家长来说，不能按照自身形象或理想形象形塑孩子，甚至将自己未实现的愿望强加在孩子身上，应按照孩子特长，培养综合素养，从而更好地适应未来的变化。

4）正确看待分数，重视学习过程体验

很多家长习惯拿成绩好的孩子与自己孩子做比较，而常常忽略自己孩子身上已有的优点和优势，同时只要孩子稍有进步，就明确表示赞赏，分数稍有下降，便不问青红皂白加以斥责。这样的武断行为容易使孩子对学习感到厌恶和恐惧。更不能像案例中的那位妈妈如此“用心”，通过问别人要考卷，提高自己孩子的分数，如此“喂”知识，不仅无助于了解孩子学习的进展，还有损于孩子道德品质的发展。这无疑是一种饮鸩止渴的方式，很多家长在给孩子心目中灌输分数的意义，却没有给孩子真正的责任感。诚如高普尼克所著的《园丁与木匠》所说的那样，他们“成为全世界分数最高的人，对探索有关世界的新真相和新的成功方式没多少帮助”。

5）让孩子感受到来自老师和家长的关爱

古语曰：“亲其师，信其道。”爱是最好的沟通方式。老师、家长和孩子情感建立的各类关系会直接影响孩子的学习态度和积极性。当各类关系融洽，孩子会感受到老师或家长对他的喜欢和欣赏，就会增加学习动力和热情。这里的欣赏不是溺爱，是尊重，不是包揽孩子生活中的一切。父母的天职不是决定子女生活的面貌。“爱没有目标、标准，但爱有目的，不是改变我们所爱的人，而是为他们提供他们蓬勃发展所需的条件。”当家长的也要经常换位思考，多鼓励孩子进步，科学地“管孩子”，用一种灵活肯定的方式做父母，核心是照顾孩子，帮助他们端正学习态度，才能尽快从厌学情绪中走出来。

目前在应试教育的大背景下，孩子产生厌学情绪是可以理

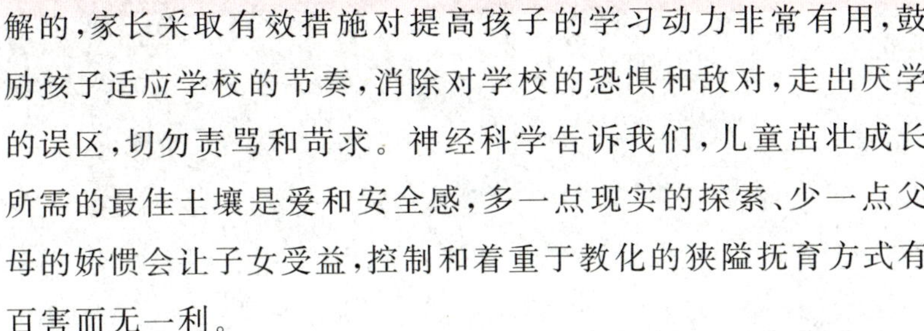

解的，家长采取有效措施对提高孩子的学习动力非常有用，鼓励孩子适应学校的节奏，消除对学校的恐惧和敌对，走出厌学的误区，切勿责骂和苛求。神经科学告诉我们，儿童茁壮成长所需的最佳土壤是爱和安全感，多一点现实的探索、少一点父母的娇惯会让子女受益，控制和着重于教化的狭隘抚育方式有百害而无一利。

五、励志行为

励志是催促人生迈向成功荣获辉煌的精神秘方。它是一门学问，一般人读不懂、学不精的学问。简单地说，它不仅要激活一个受挫人的生命能量，从而振作起来；激活一个不思进取人的主动性和积极性，从而意气风发追求事业的发展；还要激发一个积极上进人开阔视野，提高能力，再创辉煌；更要唤

醒一个民族破旧立新的意识,增强创造热情。家庭教育中,家长应该通过各种方法和途径,激发孩子积极向上,树立切合实际的理想,主动克服困难,从内心深处凝聚学习和奋斗的力量,用心灵体验总结出的生活内涵,这样才能真正获得尊严和自信。

1. 寒门难出贵子背后的思维固化之殇

不怨天,不尤人,下学而上达,知我者其天乎!

——孔子《论语·宪问》

社会阶层是指由于经济、政治、文化、社会以及传统等多种原因而形成的,具有共同属性的社会群体。它们在社会的层次结构中处于不同地位。各阶层之间流动变迁受阻的情况称为阶层固化。其本质表现在三方面:①不同阶层对流通道的关闭;②对流效率的熔断,跨阶层流动的阻力和成本大于推力和收益;③虽然通道未关闭,但却看不到有明显的对流。一般而言,阶层差异造成教育资源差异,形成阶层固化。但改革开放几十年的经济发展,所有公民都有机会通过自己些许智商、勤奋跟时代一起前进,突破自己原属阶层,所谓的"阶层固化已经打开,不辜负这个时代",从而过踮起脚尖够得着的生活。在教育被视为全球核心利益的当下阶层固化备受关注,但阶层划分标尺不只是土地和房子,还有知识,由此而带来特点和超越阶层的突破点也在发生改变。

案例呈现

前些时候，一位中学教师在网上发帖称：做了15年老师的我想告诉大家，这个时代寒门再难出贵子！其依据是通过不完全归纳近几年学校里的中高考状元，基本上家里条件都很好。中考刚结束，自己所从教的学校有五个开跑车、住别墅的家庭的孩子上了重点线，他们的家长还商议送孩子去澳洲参加夏令营。这位老师的结论正应验了中国"豪门贵胄"的老话。同时，最近北京文科高考状元熊轩昂接受采访时介绍自己经验中突出的一点是："自己生在北京中产之家，获得的教育和资源是很多外地孩子或者农村孩子得不到的。"这位"状元"的话被刷屏了，也因此印证了这位老师的断言。因此，阶层差异导致经验资源分配不均，进而导致教育不公平的话题再次被热炒起来。

而这两天，一篇"寒门难出贵子，体现的恰恰是对奋斗者的公平"的帖子在网上疯转。该文之所以受到关注，关键是作者提出了一个挑战"常识"的观点：寒门之所以难出贵子，很重要的原因是寒门的父母不努力奋斗、上进。笔者无意于评价这两种观点的对错，但想说的是这两种观点背后都存在思维方式固化问题。

案例一

不到40岁的爹妈，每天打麻将，躺在家里啃老，经常教育自己的孩子：你爹妈这辈子算完了，你要争气呀（把希望寄托于下一代)。

20世纪80年代前期的一个家庭,母亲没文化,生完孩子就做全职太太,父亲在一家工厂当工人,经常酗酒后打儿子,说他不好好学习,学习成绩较差。后来孩子接了父亲的班,继续当工人(完美诠释了什么叫阶层固化)。

案例二

农村的两个高中同学,徐同学刚毕业来到上海,卖过菜、跑推销、做装修,能吃苦耐劳,性格又好,慢慢有了装修队,2006年骑电瓶车、2007年买小型面包车、2009年开帕萨特,2010年在上海买了房,现在座驾是大奔,是一家做地板漆的老总,妻子开一家SPA美容店,大儿子在读出国预备学校,去年又生了二胎……(抓住了机遇,不断进取成就自己,也方便孩子。)

另一个王同学同时期来到上海,对于做海员与家人长期分离,远离陆地生活不适应;做维修起早贪黑感觉赚不到钱,受不得气,吃不了苦,于是回到农村县城,开饭店累,跑出租忙,身体受不了。前不久我回老家,看到他在钓鱼,很调皮地说:“你们在城里吸毒气吃毒鸡蛋,还有雾霾,哪像我过得这么舒服。”可话锋一转,却要求我把他女儿带来上海找一个好一点的学校读书,说女儿是块读书的料,在这里就耽误了(典型的寒门,不仅穷,而且懒惰、天真)。

案例三

有一次国外出差坐出租车去机场，边走边聊。司机眼光独到，一眼就看出我是一个教育人，于是乎打开了话匣子。说一个哥们儿夫妻双双下岗，拿低保度日，可他们家的孩子争气，从小在父母麻将桌旁写作业，通过努力学习、艰苦拼搏，今年考上了重点大学。结论是："父母的培养并不重要，孩子不是学习的料，怎么都没用。"在他眼里，教育尤其是家庭教育是建立在孩子宿命论基础上的可有可无的。事实上，这样的低概率事件，在不重视教育的寒门，备受推崇（这已经不是阶层的固化，而是智商的固化了）。

案例反思

很多人都听说过曾经流传很广的放羊娃的故事。有的人把它当段子，聊以笑话，有的人把它当励志的反面教材，但大部分人看完之后，笑一笑也就过了。笔者认为应该将其当作寓言，去思考这个故事背后深层次的本质：阶层固化。如果一个社会存在严重的阶层固化，那就意味着社会生态封闭，进而导致社会的分崩离析。

若要社会阶层流动起来，放羊娃的后代不再放羊，作为当事人首先要突破思维束缚，打开视域，看到这世界上的变化，进而发现还有很多比放羊更有前途的事业，比放羊更美好的生活，更富有价值的活动。而这需要一个社会的生态开放。这只是一个外部条件。要想开始新生活还需要掌握开展新事业的知识和技能，这需要社会的知识开放。要改变穷人思维，倾向于选择自我封闭和固化，并把自己的进化树连根拔掉。[①]真正的穷，一时的穷，并没有什么，只要跟上时代步伐，更新观念，保持开放和进化心态，不囿于财富的匮乏和自我固化以致落伍于他所处的时代，经过努力奋斗就会成为富人。实践证明富人钱再多，如果观念落伍了，思维固化了，很快也会变成穷光蛋。而大多数寒门的父母，哪怕正值壮年，没有想到从现在开始抓住机会去拼搏，去实现自己的梦想，他们想的是偷懒，将希望寄予孩子，要求孩子将他们所谓的梦想实现了，要赢。

而富人思维就是在一个生态和知识开放的社会环境里，学会选择并采取相应的行动，突破自己的过去，创造新的格局，并把自己的进化树都点满。[②]

就教育而言，越是拼搏过的父母，越知道教育的重要以及人生的不容易和奋斗的艰难，更加注重身体力行教育孩子，将自己受过的苦当作难得的精神财富，转变成科学的世界观、价值观传承给孩子，培养孩子积极向上的心态和良好的学习、思考习惯。他们的寄语通常是："我很拼，你肯定也是好样的。"

从没有经历生活磨砺的父母，嘴上说教育很重要，心里却不以为然，但因缺乏收获的体验，更期待投机取巧，觉得财富来得容易，越穷越天真，得过且过度日。在视野上，只看到别人的成功，看不到成功后面的艰辛，这样的心态是保守的，只看到有

---

①② 白云先生. 阶层固化已经打开，不要辜负了这个时代[EB/OL]. http://weibo.com/p/1001603928677883746356? mod=wenzhangmod，2020-01-07.

钱人吃肉，看不到有钱人背后的付出，这样的人生是有缺陷的。他们甚至天真地认为：自己的梦想要靠孩子的争气帮助实现。一旦孩子没出息，心理落差大，就开始抱怨社会不公平，阶层固化，却忘了别家孩子的父母搏命的时候，你在游戏人生。

从主观上说，寒门与非寒门的父母，最大的区别，不是财富，而是思维方式。非寒门的父母总是拥有很小的目标，做自己喜欢的事，并不断经过努力加以实现，尽可能多地创造财富，更加重视家庭教育对孩子的影响。寒门父母多数拒绝开放和进化，进行自我阶层固化，在瞬息万变的知识经济时代，愤愤不平，怨天尤人，其结果是活成一座孤岛。

策略与方法

1）不能在大家都谈论梦想时，你却只想着放羊

客观地说，生活中确实存在一些父母为了生存、为了让孩子过上更好的生活，在各行各业辛苦打拼。他们中有穿行在大街小巷的快递员，有骑行在建筑工地上的农民工，他们的孩子很难在大城市获得接受教育的机会，很少有机会成为“寒门出贵子”的故事主角，但我们不应该指责他们，因为他们有付出，有努力，生活是充实的。作为一个教育工作者，我们更希望以奋斗的姿态撬动现实的坚冰，鼓励人人奋斗，改变人生命运，或许这种理念仅仅是一碗浓浓的鸡汤。我们更想提醒各位父母：寒门难出贵子是社会的不公，但绝对的公平是不存在的，公平从来都是相对的，没有所谓的绝对公平；如果自己不通过努力实现梦想，你的孩子

也很难实现他的梦想；把自己的梦想嫁接在孩子身上，是不明智的，而且越来越不现实。[①] 这恰好从另一个角度诠释了寒门难出贵子，恰恰是对奋斗者的公平，是社会的正能量。

知识经济时代的到来，由于“互联网 + ”的助力，我们的思维方式应该因此有所改变，不能还活在上一个由土地和房子所主导的历史阶层划分时代中，并以此进行人生要素资源分配。事实上，在当今时代最大的投资是对知识的投资，对自己头脑的投资，教育异常重要，是父母放开眼界，洞察未来的时候了。

农业社会，一个士家门阀巨商没落衰败需要很长的周期，而在信息时代也就是几分钟的事。同样，以前一个寒门子弟想跃龙门，出人头地，那需要几代人的接力赛才能实现相对富裕，而现在你只要思路清晰，不用担心何时就会时来运转，小米公司用 5 年就做到了世界五百强，这就说明各阶层是流动的，效率在提速。因为无形的知识容易形成强大洪流，任何有形的壁垒都不可能挡得住它，所有的阶层固化器，都被事实摧毁了。但自我固化需要生态开放、知识开放，只有靠自我开放和进取，不能在大家都谈论梦想时，你却只想着放羊。

我们不要寄希望于乱世出枭雄，更不能期待一夜爆红。在和平盛世的当代中国，优秀是一种传承，努力是其本色，而不是意外或者运气造就的。因此，贵为父母，不要轻易相信阶层固化，更不必自暴自弃，首先想想有没有为自己的人生负起责任，

---

① 艾小羊. 寒门难出贵子，是对奋斗者的公平[EB/OL]. http://bbs.tianya.cn/post-no20-620995-1.shtml，2020-07-18.

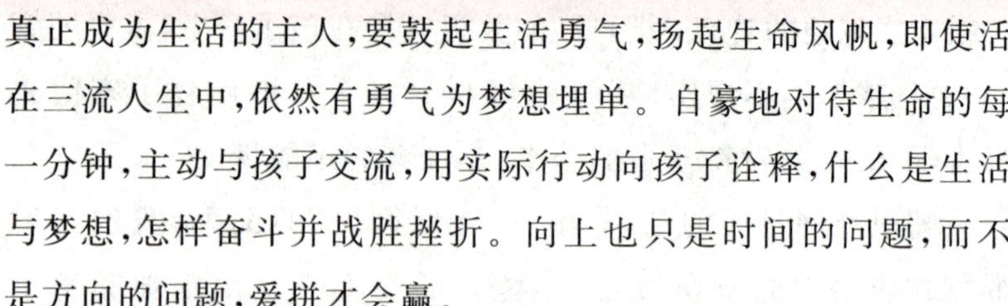

真正成为生活的主人，要鼓起生活勇气，扬起生命风帆，即使活在三流人生中，依然有勇气为梦想埋单。自豪地对待生命的每一分钟，主动与孩子交流，用实际行动向孩子诠释，什么是生活与梦想，怎样奋斗并战胜挫折。向上也只是时间的问题，而不是方向的问题，爱拼才会赢。

2）归纳成功者品质教育孩子

或许，每个人成功的道路不尽相同，各有各的路径，但总结成功人士经历可以发现以下几个共性。

（1）人人各有天赋，天生我材必有用，家长要善于发现孩子的天赋，要求孩子对自己的天赋异常忠诚与投入。在从事有天赋的职业世界里，孩子们可以完全忘我，藐视身边暂时性的困难，抵挡住青春期出现的家庭变故等一系列烦恼，不忘初心，矢志不移，克服奋斗的艰辛，感受到莫大的幸福。

（2）逆境与不顺是孩子人生中重要的一课，顺境和成才不是因果关系，逆境可以磨砺他们的意志，增益其所不能，进而生成才华与职业态度。纵观古今中外在人生中有所成就的人，大部分人都有过大段大段的黑暗，他们不曾放弃自己，不在意现实的得与失，而是暗暗积攒能量，最终取得了态度与才华的双重突破。

（3）任何一种人生的成功都是一个概率事件，概率大小取决于自身的奋斗，因为命运就像一场博弈。家长要教育孩子在这场博弈中，命运之神往往青睐于孜孜以求、奋发进取的人们，青睐于有准备的人们，隶属于目标坚定，不放弃、不抛弃的个体，青睐于多年如一日的努力，脚踏实地、只问耕耘的人们，从

而培养出自己的核心能力。

家长要告诉孩子命运之神没有垂青到他时，要稳住，帮助孩子总结努力方向、方法、努力程度等是否正确，咬定青山不放松，没准哪天命运之神会降临到你头上，让你欣喜不已。

对家长而言，最重要的不是让你的孩子在财富上和见识上多么富有，而是自己首先要活成孩子的榜样。

2. 把背影留给苦难，把笑容交给阳光

赋命有厚薄，委心任穷通。苟知此道者，身穷心不穷。

——白居易

近段时间，随着高考录取结果的陆续揭晓，感动的人和事在互联网助力下，成为人们茶余饭后的谈资，一些励志故事不断进入人们的视界，也成为家庭教育的重要内容。

河北省吴桥县庞庄村就读于吴桥中学的18岁男生庞众望，今年高考考了684分，并获得清华大学“自强计划”降60分录取资格，名如其人，“众望”所归。他的事迹在网上流传，并且登上了热搜。而他的日记中“既然苦难选择了你，就把背影留给苦难，把笑容交给阳光”的励志句走红网络。

一般情况下，农村孩子考上清华大学无论是对家庭还是对当地而言，都是人们口耳相传的故事。而庞众望因为特殊生活境遇：出生之前，家庭已经给他安排好了“命运”。父亲是一位精神分裂症患者，母亲下肢残疾，常年瘫痪在床，而这位家贫志

坚的农家孩子凭借特殊的家庭教育影响，被我国最高学府录取，登上热搜是情理之中的事情。

案例呈现

案例

(1) 母亲为救儿子于苦难挺身而出。

庞众望七岁那年，查出了先天性心脏病，需要立即手术治疗。对于这样一个境遇的家庭来说，治疗费用是个天文数字。然而，伟大母性的冲动让他的妈妈坚定救儿子的信念和决心，面对前途未卜的命运，这位妈妈没有丝毫犹豫。“他是我唯一的希望，我不信老天就这么不公平，治好治坏我认了！”

这位残疾妈妈央求邻居帮忙推着轮椅，挨家挨户去求助，借钱。周围邻居被感动，有的主动拿出微薄的积蓄帮助拯救这个命运多舛的家庭，成全妈妈的爱。终于凑上了为孩子看病的钱。妈妈的执着和坚定给了庞众望第二次生命，也用实际行动诠释着生命的价值、母爱的力量。这场病也让庞众望更加了解生命的意义以及人生冷暖，更加珍惜眼前的生活，强化人穷志不穷的骨气，为其以实际行动回报社会和家庭确立基调。

(2) 贫寒年少立大志。

大病初愈后庞众望一家家徒四壁，债台高筑。尽管村里的乡亲没有一个人来要账，让这个家庭感到欣慰，但这位正直的妈妈认为村里人谁都不容易，欠的钱一定慢慢还。庞众望暗下决心并立志与妈妈一起还账。2014 年，庞众望考取吴桥中学，班主任李莹回忆其第一次见到他的感受，瘦瘦小小，像个小学生，第一次家访，却发现他家里太穷了，而这样的房子还是亲戚借给他们住的，但墙上却贴满了众望从小学以来的各种奖状和各种奖章！父亲患有精神疾病，母亲瘫痪在床，还有年迈的姥姥和姥爷，他是家里的顶梁柱！但这样的家庭环境并没有使他气馁，他勇敢面对生活的挑战，母亲的坚毅深深地影响了他，温馨而充满爱的家庭氛围形塑了他性格的开朗和乐观，跟其他孩子一样，庞众望爱笑、很阳光，也很开朗。

高中就读期间，他因家贫志坚，当选为河北省第三届青少年“自强之星”，成为一个学习刻苦、心地善良、勤工俭学、自强不息的好孩子。幼年时的庞众望曾长期捡废品卖，补贴家用，为了捡拾碎铁片，他的小手伤痕累累，像个真正的男子汉撑起整个家庭。这种生存境遇历练了他坚强的意志品质，坚定了他改变命运的决心。

(3) 节衣缩食尽孝心。

庞众望的妈妈回忆说，在他上初二时，她因严重贫血住院，孩子爸爸因有病在身而无能为力，到医院照顾妈妈的任务就落在了他的肩上，同时因为家境条件不好，住院费都是借来的。孩子懂事了，认为妈妈是病人，不能饿。每天天不亮，趁妈妈熟睡时，他跑到几里外的集市上去买些便宜的饭菜，自己等妈妈吃完再吃。自己的一日三餐能省则省，整日吃不上一顿饱饭，饿了的时候只能多喝水。有时候他还捡废品或是捡商贩扔掉的蔬菜，把坏的部分去掉，然后拿回医院自己做着吃。妈妈很心疼，而孩子却安慰妈妈，没事，您好好养病。母子互相宽慰，相互借力和支撑……

庞众望以优异的成绩考入了县城的高中，学校离家有五十多里地，需要住校。临开学前，他为了不让妈妈因惦念自己而寂寞，悄悄为妈妈写了三十封信，告诉妈妈，每天读一封。信的内容包含对妈妈生活的安排，对妈妈起居的叮嘱，还有一些逗妈妈开心的笑话，以及以前在学校的见闻和趣事等。

高中期间，学校免了他三年的学费，也有公益组织每个月资助他一百元的生活费，这三年虽然苦，但也熬过来了，并磨砺了他的意志。他的经历再次证明"当下寒门再难出贵子"的断言。事实上，这个贫困的家庭给予众望的，除了生活的艰辛，还有母亲最宝贵的爱，以及社会和邻居的理解，这一切让他充满感恩。

在媒体宣传下，有很多好心人得知庞众望的情况后主动提出对他进行资助，但都被这个懂事的孩子婉拒了。他希望通过自己的努力挣到学费，通过申请勤工俭学的岗位，自己养活自己。

（资料来源："中国网事"记者高博."把背影留给苦难，把笑容交给阳光"高考成绩 684 分的农家娃感动网友[EB/OL]. http://www.hinews.cn/news/system/2017/07/15/031185932.shtml，2020-07-15.）

案例反思

逆境成才的意思是在困难的环境中成才。这里的逆境是指困难的环境、条件,如不安定的社会环境、恶劣的家庭环境等。案例中庞众望母亲瘫痪,父亲患精神分裂症,还有年迈的外祖父母,自己险些因先天性心脏病失去生命等,这些就是逆境。古人云:福兮祸之所倚,祸兮福之所伏。因此,逆境在某些情况下对人才成长是有利的条件,在艰苦的条件下更加激发人的潜质。

(1) 逆境蕴藏着成才成功的机遇。黎明前特别黑,成功前格外难。培根说:"奇迹多是在厄运中出现的。"庞众望成长过程中,就是熬过来的,清华大学对其光顾可能就是机遇,就是奇迹的出现。期望只有和勤奋做伴,才能如虎添翼。庞众望靠的是奋斗的双脚踏碎自我的温床,开拓了一条人生之路。

(2) 逆境是激发人才成长的强劲动力。逆境能够磨练人的心性。身处逆境的人们往往精神压抑,成功欲望迫切,成才动机强烈,因此在意志和机智历练方面常常能够取得在顺境中难以取得的效果。孟子曰:"故天将降大任于斯人,必先苦其心志,劳其筋骨……行拂乱其所为,所以动心忍性,曾益其所不能。"庞众望身处的逆境使他别无选择,给人很大压力,而他本人靠着顽强毅力,利用压力激发出强劲动力。须知在避风的港湾里,找不到昂扬的帆。

(3) 逆境磨砺人才的优良个性。人在成长过程中,少时苦难磨砺性情,可抑浊扬清成大业。如同树木受过伤的部位,往往变得最硬一样。逆境的一个重要价值,就是使人学会驾驭自己的个性,经历过逆境人才能学会感恩,成为一个自身发展和

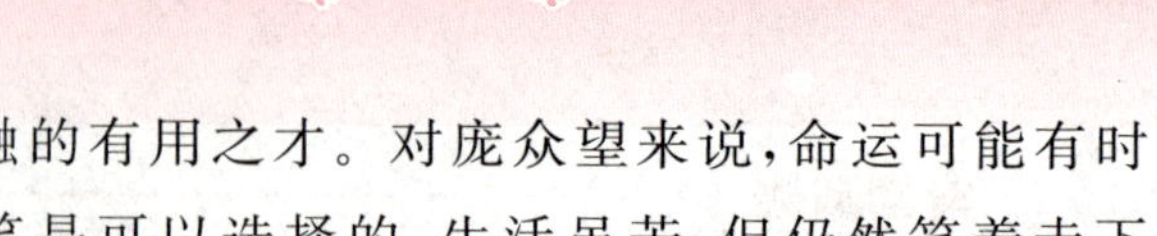

谐的、与社会相融的有用之才。对庞众望来说，命运可能有时无法选择，但微笑是可以选择的，生活虽苦，但仍然笑着走下去，也不失成全自己的秉性。

（4）逆境中积淀了大量经验。当人身处逆境时要比在顺境中操劳得多，付出得多。逆境能促使人们去认真总结经验教训，寻求摆脱逆境的路径。逆境之中的反思和总结的过程，就是经验积累和智慧增长的过程。

事实上，每一个人在追求成功的路上，都会无数次为自己碰到的困难所击倒。关键是对待困难的态度是否正确。有人开始怀疑自己，在心里打起了退堂鼓，有人则相反。如果你遇到些许打击，就失去顽强的意志，那么终究只会成为一个平庸的人。在人生遇挫时，要默念英国的哥特曼博士的一句名言："不要计算已经失去的东西，要数数还剩下的东西。"人的成就永远都是由思想的高度、行动的力度决定的，选择不同，成败殊异。庞众望母子的积极乐观的心态、艰苦卓绝的努力，最终助他拿到清华大学录取通知书，开始人生的新征程！

既然选择了远方，便只顾风雨兼程，不抱怨，不哭泣，不祈求。让我们一起期待以庞众望为代表的家贫志坚青年才俊展翅高飞，人生之路越走越远、离梦想越来越近！

3. 从依赖走向独立：孩子意志力培养秘笈

在希望与失望的决斗中，如果你用勇气与坚决的双手紧握着，胜利必属于希望。

——普里尼

每个孩子天生都是可爱的，在没有形成健全意识时，表现出来的行为都是一种天性。因此不宜给他贴上标签，用“好”或“坏”对一个孩子加以评判。在孩子的成长过程中，家长应该利用皮格马利翁效应，鼓励孩子的自信和自立行为，贴上标签容易使孩子丧失信心，增加依赖性，从而进一步遏制孩子的自我管理能力发展。

案例呈现

案例一

一男孩儿叫董亮，聪明，接受力强。但长期受家长的溺爱，自然而然地使其养成了衣来伸手、饭来张口的懒惰。由于缺乏自主性，学习成绩从优生坠落谷底。董亮家长有点焦虑了，找到我求助。出于好奇和职业病等原因，我答应其父母，抱着试试看的态度，开始了“伟大”的实践之路。为了激发董亮的学习兴趣和积极性，星期天，我抽空把他叫到家里，陪着完成作业，第一次出于新鲜和陌生吧，效果很好，顺利完成学习任务。于是我鼓励了他，并布置了几道额外的题，并告诉他星期一检查完成情况。待检查时，他一副不好意思的表情，作业没有做。因为是第一次，我忍着并耐心地督促他在课余完成了。第二个星期天，我仍然把他叫到家里一起吃午饭，吃完做作业。就这样持续四个星期，孩子的成绩有了很大提高，思维好像也比以前灵活了，能独立完成

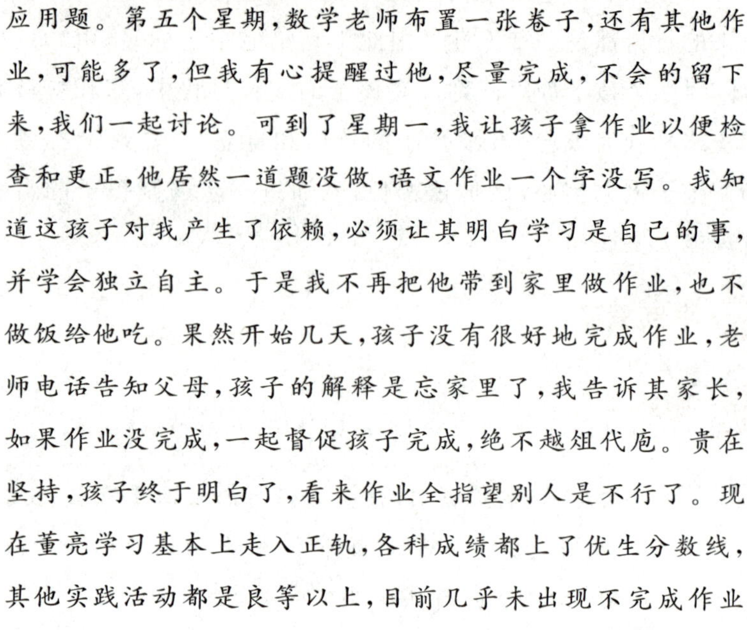

应用题。第五个星期，数学老师布置一张卷子，还有其他作业，可能多了，但我有心提醒过他，尽量完成，不会的留下来，我们一起讨论。可到了星期一，我让孩子拿作业以便检查和更正，他居然一道题没做，语文作业一个字没写。我知道这孩子对我产生了依赖，必须让其明白学习是自己的事，并学会独立自主。于是我不再把他带到家里做作业，也不做饭给他吃。果然开始几天，孩子没有很好地完成作业，老师电话告知父母，孩子的解释是忘家里了，我告诉其家长，如果作业没完成，一起督促孩子完成，绝不越俎代庖。贵在坚持，孩子终于明白了，看来作业全指望别人是不行了。现在董亮学习基本上走入正轨，各科成绩都上了优生分数线，其他实践活动都是良等以上，目前几乎未出现不完成作业的情况。

案例二

女孩洋洋三岁时父母离婚，之后爷爷去世，完全由奶奶抚养。鉴于孩子的境遇和隔代亲缘由，奶奶就把自己全身心的爱给了孙女，洋洋也给奶奶的生活增添了许多色彩，彼此相依为命。从一年级到三年级，洋洋都是由奶奶背着书包接送的。现在五年级了，洋洋说话就像三岁的小孩儿，娇柔小气，幼稚没逻辑，智力发育也不完全。

有一次下小雨，放学后别的学生都争先恐后地回家了，洋洋迟迟不出教室，直盯着窗外，漫不经心地等待着奶奶来背书包。于是我故意喊道："洋洋，今天你打的小花伞非常漂亮，毛毛雨可以帮你验证一下伞的作用，出来呀，一起回家吧？"

听到这里，洋洋呜呜地哭了："奶奶怎么还不来接我……"

已经是八九岁的大孩子，说话和做事这样依赖。于是，我又装着疼爱的样子，把书包挂在她的背上，然后拉着她，有针对性地边走边讲些有关成才的故事。比如，昨天在《故事会》上看到一个和你一样年龄的女孩，因车祸父母都没了，和年迈的奶奶一起生活，每天除了上学，还要回家干家务活，……没想到的是，几个故事效果真好，洋洋奶奶告诉我，孙女长大了，不再让我为她背书包了，甚至不想让我送她上学。

案例三

有一男孩叫梁梁，由于家庭的变故，家境十分贫寒，父亲在家务农，母亲在县城租房子照顾其读初中，平时靠捡垃圾、收废品等维持生活。梁梁并没有因家庭因素而改掉一些毛病，生活自立起来，而是养成整天吃零食等坏习惯。妈妈对孩子的要求尽量满足，唯恐受委屈，有时手头没钱，哪怕是卖几个瓶子，都要满足孩子的需求。坚持认为再穷不能穷孩子的信念，但可怕的是，梁梁这孩子居然经常拿上学作为交换条件，甚至用死来威胁家长满足其需求。梁梁现在已经是大小伙子了，还要家长接送，迫于同学的讥笑和老师的看法，他开始拒绝母亲的接送，可妈妈不放心，就偷偷地观望着。当获悉妈妈因不放心而观望时，他居然和同学打架，故意惹事，并装神弄鬼，甚至装死去“讹”其他同学。

这位爱心妈妈使孩子时刻领会母亲对自己的溺爱，给孩子的心灵蒙上了一层不健康的阴影。

案例四

左宗棠是晚清一位重臣，因收复伊犁而名声大振，后因开设福州船政局等而成为洋务运动重要旗手。昔日的疆场猛将左大人，晚年曾回到老家想给自己在家乡建一座宅院，以备后世享用。因此对自己的豪宅很重视，这位在战场上叱咤风云的人物经常亲自到工地检查施工，唯恐工匠们偷工减料，影响工程质量。有位热心的老工匠被这位大人的细心感动，对他说：“大人，您放心吧！我们这些人都是一流的工匠，长沙府这么多名宅都是我们修建的，很专业，也很细心，从来没有发生过质量问题，但房屋易主却是常有的事。”这位在千军万马前都毫不畏惧的左大人，听了老者的话，感叹看来儿孙自有儿孙福是有道理的，于是满面羞愧，叹息而去。

案例反思

依赖是指依靠别的人或事物而不能自立或自给的心理。生活中依赖性和意志力缺乏联系在一起，一个人只有克服依赖性，才能经受住环境的磨炼和考验，从而走向成功与辉煌。目前独生子女家庭里，孩子很自然地成为“温室里的花朵”，成为家庭的全部。一些家长甚至在孩子的德行惯例上百依百顺。一系列的爱和溺惯就给孩子的个性上灌注了一种无形的依赖，如案例二中的洋洋就是典型，而这种依赖长期潜伏在孩子身上，就会形成一种惰性，生活自理能力丧失。

很多娇生惯养的孩子已经难以适应学校的正常生活，更谈不上社会交往了。这其中家庭教育是主要原因，而最大的健康障碍就来自家长无原则的溺爱。很多家长把孩子视为整个家庭的未来和希望，便成了孩子的全职保姆，不让孩子受一点儿累，吃一点儿亏。这种溺爱行为背后是功利的转嫁，恨不得把自己当初所缺的，全在孩子身上索取到：因怕被别人欺负，将孩子封闭起来，不让自己的孩子同别的小朋友交往；上学、放学都有专人接送。孩子完全被“囚禁”在家长所营造的“优美环境”里。这些做法很不利于孩子情感和独立生活能力的发展，其后果有两种：一种是遇到事情和变故胆小恐惧，孤僻、自卑；另一种是在事实面前目中无人、清高，自私自利。

教育心理学认为，孩子的依赖心理，如果得不到及时纠正，有可能形成依赖型人格障碍。这种人格是自主精神比较弱，独立意识比较少。表现为依恋他人，敏感多思，控制情绪的能力较差，偏向感性，不太注意自己参与决策能力的培养，社会参与程度较低,长期有一定程度的选择障碍。这是人们称之的病态人格,患有这种疾病的人在生活里,宁愿放弃自己的个人趣味、人生观,在具体事务中放弃自己对他人的责任和义务。他们往往显得单一,缺乏自信、自主性和创造性,让被依赖者时刻满足他的温情就心满意足了,对于自己生存的空间没有把握,常给自己下定义,遇事往往束手无策,只好等待外援,下不了决心或者不知如何是好,产生越来越多的压抑感,这种"患者"总是相信别人比自己能干,有一种"我知砂小可怜"的感觉,对自己想表达的观点也是犹豫不决,像一只迷失了港湾的小船,又像失去了教母的灰姑娘。

教育的目的是要培养拥有独立健康人格的人,所有家长都希望自己的下一代是阳光的,而不是依赖自己的"小绵羊"。因此,作为家长,必须走近孩子,引导他们在一个合适的场合和时间,逐渐变得自律和懂事起来。家长明知孩子具有依赖性很强,与生俱来的生存能力不足等弱点,也不能放弃,更不能重新选择。"如果找了 100 种办法,这个孩子都没有改变的话,我会去寻找第 101 种。"这句话说明作为家长更是无权选择,只能走近孩子,身体力行去教育和感化他们。家长陪伴孩子时,不要总是发出一些指令性语言。事实上,孩子不懂什么叫"不要乱动",只会觉得你很唠叨,反而增加了孩子的逆反心理,好奇心也慢慢地萎缩了。

另外,很多家长在教育孩子时习惯秋后算账:就某件事管教孩子时却疏于坚持和检查,事情没有进展,一旦有机会管教孩子,便老账新账一起算,而孩子最终因超出了承受范围而不

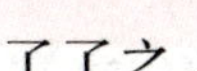

了了之。

策略与方法

事实上，每一个孩子都有追求独立自主的内在倾向，而其依赖性的养成多是由外界环境造成的。针对有依赖心理而缺乏自律性的孩子，家长必须强化其自立意识和独立人格的培养。

1）在家庭内培养孩子独立性

家长要培养孩子参与意识，让他们做力所能及的事情，鼓励自己动手的习惯；面对孩子出现错误和问题，家长要有耐心，并细心地理解孩子做事时的笨手笨脚，甚至磕磕绊绊；要相信孩子的能力和意志，要放心让孩子解决一些属于自己的事情，不厌其烦地给予必要的指导，并及时给予反馈；要善于发现孩子身上的亮点，有进步时要表扬、鼓励，分析其成因，甚至满足一定要求，增强孩子的责任感、自信心和自我效能感，形塑独立人格，从而减少他们对父母的心理依赖。

2）掌握一些技巧

①家长要有跟孩子单独相处的时间，利用陪伴，增强孩子的安全感。因此家长可以陪伴孩子做作业，带他们购物等。②不要当众批评孩子，尤其不要当着小伙伴的面去批评他，用心地呵护孩子的自尊心；要尽量回避孩子情绪低落或激动时指出问题所在，分析原因，甚至去批评他。③对孩子的要求不宜过多，最好使用增加频次，一次只提一个要求，并坚持一段时间。一次提很多要求，往往超出了孩子承受力，会感到无所适

从。④尊重孩子的选择权，凡事留有回旋的空间。比如，家庭作业可以采取选做方式，做家务时鼓励其有选择地参与一两项。

3）家长平时要多用心

家长平时夸赞孩子努力要针对具体行为，少说空洞的赞美，利用负强化增加正强化。不吝赞扬是应该的，但是最好指出孩子努力的结果，比如"今天你写的字很认真"" 真孝顺，给奶奶盛了一碗饭"，要夸到他的一个具体行为上就是在强调这一行为，以后孩子自然会坚持。

家长平时要用心观察孩子的一些动作，事后再加以规劝。理解孩子在成长过程中和成年人的不同之处，或者不像别的孩子那样大方时，事后可以和孩子说，"你看刚才那个小朋友表现得很好，你下次也努力做到这样，好吗？"这样处理，孩子借此回忆当时情形，强化记忆，同时就会接受你对他的成长建议，效果要比对他的指责好。

尊重孩子自主权，家庭有事或搞活动时要提前跟孩子商量，并动员其学着参与到家庭事务中来。一则可以让孩子感觉自己受到重视，爸爸妈妈都是我坚强的后盾；二则可以提高解决问题的能力。孩子的成长会慢慢由依赖走向自主，自我管理能力会越来越强。

4）学校要为孩子创设自主、自立的环境

老师要多关心孩子走出自我，走进世界，鼓励与他人交往和分享，通过让他们参加各种小组活动，培养孩子合作意识和能力；对他们的一点点进步和贡献要及时鼓励，看到他们身上的亮点，使之得以巩固。老师还可以对孩子进行一些技巧的指导和培训，使孩子学会与人正常交往，独立做自己的事。老师还应该掌握一些依赖性行为矫正方法，如习惯纠正法，矫正一些不良习惯，对自主意识较差的事件，可以采取诡控制技术强化、提高自主意识；利用自信重建法消除童年不良印迹，重建孩子的勇气。

孩子的成长是一个漫长的过程，矫正孩子的依赖心理也是一个循序渐进的过程，家长和老师都要坚持不懈，不嫌孩子添乱，更不能抛弃甚至放弃，使孩子充分认识到：人生在世就应该奉献为先，主动承担社会所赋予自己的一种责任，要对自己的行为负责。从小要树立独立自主的观念，不应该成为社会的负担。让孩子们明白：只要有坚强的意志力，就自然而然地会有能耐、机灵和知识（陀思妥耶夫斯基语）。因此，家长和老师都有责任帮助孩子克服依赖，走向独立。

4. 考生求带母上学，清华：人生实苦但请相信

爱，可以创造奇迹。被摧毁的爱，一旦重新修建好，就比原来更宏伟，更美，更顽强。

——莎士比亚

学习和深造是无止境的，但学习具有连续性和阶段性。从人才成长的角度来讲，孩子进入高中学习阶段就意味着开始了“基础教育”向“专业教育”过渡阶段。高考是完成这一过渡阶

段、保持受教育连续性的关键时刻，是国家选拔人才，划分阶层进行社会分流的重要手段。因此，每年一度的高考都牵动着千家万户的心，每年高考过后都会出现很多励志的故事，成为家庭教育的重要素材。

案例呈现

案例

2017 年 6 月 26 日，“大美甘肃”公众号刊发了定西一中高三(13)班学生魏祥的一封公开信，题目是：一位甘肃高分(648 分)考生的请求。从 800 余字的自述信获悉，他今年高考总成绩 648 分，名列全省理科第 83 名。同时他讲述全家为身患重度残疾的自己的求学付出多年的努力，并表达心愿：希望清华大学可以为他与母亲提供宿舍，以便顺利完成学业。

（资料来源：大美甘肃. 一位甘肃高分(648 分)考生的请求[EB/OL]. https://mp.weixin.qq.com/s/NJtsSiGIyLI08Yvu5EopEg, 2020-08-28.）

南都记者对信中内容进行确认和跟踪报道，6 月 28 日，清华大学甘肃招生组证实这一说法。定西市招生负责人赵老师说，“与他联系后，才知道他父亲 2005 年就因病去世，与母亲生活多年”，“虽然他的成绩没达到统招分数线，但可以走国家专项招生，录取线会稍微低些”。

6 月 27 日，清华大学官微@清小华专门致信甘肃残疾考生“请求”一事，引发社会广泛关注。28 日，该校招生办向南都记者证实，参考清华大学往年在甘肃招生情况及今年录取分数线，魏祥已进入拟录取“范围”，清华大学已为他们备好单独宿舍，住宿费全免。这一暖人心的事件持续发酵。

案例反思

正如清华大学给魏祥的回信中所说的一样：“在梦一般的年华里，却要承受含泪的记忆，这泪水不包含欢喜，不代表留恋。不幸的人生，各有各的悲苦。但万幸的是，你在经历疾病和丧亲之痛后，依然选择了坚强和努力，活成了让我们都尊敬和崇拜的样子。”无论是庞众望，还是魏祥，抑或那些和他们一样经历困苦的少年，小编深深地祝福你们，愿阳光永随，微笑永在！人生实苦，但请你足够相信，相信有明天，相信有未来，相信你终将活成你所期望的样子！魏祥同学具备了清华人“自强不息、厚德载物”的品质，日常生活中母亲对他的爱，无微不至的关怀和操持是他坚持学习并考得高分的前提和保障。他借此练就强大的学习力。高考分数出来后，来自社会大家庭对他的眷顾以及清华大学对其“请求”的及时回应和满足更是对他的鼓励和肯定，成为他继续学习并完成学业的动力。

（资料来源：南方都市报（深圳）2017-06-29 版，原文题名：《考生求带母上学，清华：人生实苦但请相信》，略有修改.）

策略与方法

1）妈妈无私的爱支撑着孩子成长

案例中魏祥同学因先天性脊柱裂、椎管内囊肿，大小便失

禁，出生后双下肢运动功能丧失。他的父母出于舐犊之本能的爱，先后奔赴定西市医院、西安西京医院等多家医院求医问诊，试用各种偏方，寻求专家为其手术治疗疾病，但病魔还是无情，天不遂人意，两次手术病情均未见好转，身体残疾状况没有得到改善，家里人也就渐渐接受了现实。

魏祥妈妈是当地一家医院的护士，白天照顾患者，晚上还要照顾魏祥，也可能是护士专业知识和技能以及职业责任感，使身患残疾的孩子获得了内心和专业料理。同时工作经历使这位妈妈一直认为孩子“有知识了，思想就会开阔”，因此在魏祥 3 岁半时，就像其他正常孩子一样将他送去上学。她边陪儿子读书，边帮他做康复训练，锻炼他的行走能力，妈妈默默地承受生活的艰辛，但有爱人陪伴，也就熬了过去，亲人都在，至少是一个完整的家。

但 2005 年，下岗多年的爸爸因不治之症去世，使得整个家庭雪上加霜，留下年幼无知、身体残疾的儿子和年轻无助的妈妈。这位妈妈抱怨过命运的无情，“但看着孩子的笑容，也挺了过来”。正如魏祥在信中写道：“坚强伟大的妈妈在悲痛欲绝的日子里，没有放弃过对我细心无微的照顾，反而更加疼爱我，竭尽全力为我付出，并省吃俭用，除供我上学之外，她将少得可怜的工资多一分都舍不得花积攒下来，为我治病。”母爱是一缕月光，让他的生活即使在漆黑的夜晚也能拥有亮光；母爱是一丝花香，犹如涓涓细流，让他的心情即使在彷徨的时刻也能感受到舒畅。儿女是母亲的心头肉，捧在手里怕摔着，含在口里怕化了。“12 年来妈妈不仅是一名医院上班的护士，更是一位残疾少年求学路上的陪读者、守护神；12 年来妈妈身教残儿志不残，历尽沧桑终不悔；12 年来他竭尽全力，克服身体残障，刻苦求学，完成了奠基工作；12 年来他坚持不懈，克难攻坚，完成了基础教育学习任务，今日以 648 分的高考成绩，给了他深爱的妈妈一份殷殷的报恩之礼，展示了身残志坚的强者风范，同时也给了不断关心呵护他，鼓励他，培养他的各阶段的恩师一份比较满意的答卷。”①这位妈妈用自己的身体力行诠释对孩子的爱，对生活的坚信，对家庭教育的理解。而这位身残志坚的男孩也同样用自己钢铁般的意志回报伟大母亲的爱。

2）社会大家庭爱的教育是孩子成才的保障

——来自中学的关照

魏祥就读的定西一中通过了解他家庭的实际情况，为其免除学杂费，开设无障碍教学通道，还争取政府助学金。这些帮助不仅是物质帮助，更是精神食粮，是学习动力。他的同学总是想方设法帮助他、理解他，从来没有歧视他，而他本人用“学霸”、阳光、憨厚等标签映射同窗关照。这是对友爱的诠释和表征。

——来自领导的关怀和鼓励

定西一中校长盛淑兰的评价是，魏祥身上有种坚韧不拔的精神，只要他想干的事情都能干成。正是这种韧劲支撑他努力学习，并更好地支持他未来的生活。

获悉魏祥的《请求》信的呼唤时，清华大学立即做出反应。

---

① 大美甘肃. 一位甘肃高分（648 分）考生的请求[EB/OL]. https://mp. weixin. qq. com/s/NJtsSiGIyLI08Yvu5EopEg，2020-06-26.

6月27日，清华大学招生办刘震主任跟帖留言，“清华不会让任何优秀学生因经济原因辍学，学校会尽可能提供资助”，随即向学校主管领导就此事做了汇报。很快官微“清小华”对外发布公开信《人生实苦，但请你足够相信》，被网友称赞“真正的清华温度”的暖句“清华园欢迎来自甘肃定西的你”，走红网络。

6月27日深夜，清华大学校长邱勇专门打来电话问询魏祥录取情况及在校生活的安排，校党委书记陈旭也做出指示要求学生工作相关部门第一时间对接，妥善安排解决（刘震告诉南都记者）。

定西市有关领导前往定西一中专程慰问魏祥，并与企业一起送去慰问金。

——来自校友、企业的资助

清华官微回复魏祥的信被传开后，清华师生、社会人士纷纷表示应该支持和鼓励并帮助这位身残志坚的孩子完成学业，甘肃省教育厅官微6月28日消息称，多位校友也提出了资助的意愿，其中清华甘肃校友已完成“资助魏祥去北京上学的1万元”捐款目标，68位校友为他实捐10900元，并有企业致电校方要为魏祥提供资助。甘肃的一家企业得知后，也以企业名义捐助了2万元，该企业还将联合定西一中成立“育学基金”，用于支持需要资助的优秀学生。

社会是由大家一起构建一起组成的，我们是一体的，不能放弃这些身残志坚的孩子。面对他们的困难无论是社会大家庭还是个体小家庭或个人会有一种冲动，都迫切地希望社会上的这些弱势群体能够得到应有的关注，并主动给予力所能及的援助，他们的存在，让我们感到心里的那份怜惜和责任。这就是家庭教育的内核。

3）把握好逆境成长的规律和机会

贝多芬年轻时由于家贫失去上大学的机会，但他始终坚持自学成才，17 岁患了伤寒和天花病，26 岁病魔再次附体，不幸失去了听觉，在爱情上频频受挫。在这种情况下，他没有被厄运的欺凌压弯腰，而是越挫越勇，发誓“要扼住命运的咽喉”。他靠的是与命运的顽强拼搏，借助于自身音乐天赋。在乐曲创作事业上，他的生命之火燃烧得越来越旺盛。逆境没有使他低头，反而成了他获得强大生命力的磁场；在命运的颠沛中，他彰显了一个伟大音乐家的气节和风骨。

家庭教育视域中成长和成才的前提条件是养成良好的学习习惯，并把学习当成追求和境界，成为其生活的重要组成部分。信息化时代是一个大变革大转折的时代，一劳永逸的时代已经过去，学会不断总结学习习惯、学习方法、学习思维成为适应社会的重要手段，不管时间、环境、条件如何变化，都要坚持学习。家长要告诫孩子在两种境况下才知道自己的不足：学而后知不足，干而后知不足。知识越多越要谦虚，就越明白所知甚少的道理；经历得越多越要谨慎，就越知道现实情况的复杂。艺高人胆大，一种是无知人胆大，敢于决策、勇于担当的不是匹夫之勇；另一种是以具有丰富的知识和智慧为基础，在关键时刻能果断作出决定，取得相应成就。家长要让孩子明白不仅要向有字之书学习，还要研究和探索无字之书，即社会实践，即使现在的基础差一点，条件不利，日积月累，知识就会越来越丰富，就会逐渐转化为能力。

家长要教育孩子在逆境条件下更加严格自律。平时不要心高气盛，善于抵制各种诱惑，同时也要做好克服不利环境的准备。自律是一种修养，一种素质，更是一种境界。孩子无论是在学习中还是日后踏入社会，各种负面信息和挫折在所难免，所以孩子要把严格自律，能够从国家与民族的大局出发，从现实条件着手，创造成才条件，当作一种责任，养成敢于担当的品质。

家长要教育孩子把握好实践锻炼的规律。对孩子成才而言，有三点很重要：一是在日常生活中锻炼自己，强化个性品质。因为生活经验是孩子人生难得的一笔宝贵精神财富，为未来成长奠定基础。二是在逆境中锻炼。逆境包括矛盾众多、情况复杂、学习条件艰苦等。通过自身的经历和实践，要让孩子明白苦难与挫折更能锻炼一个人的坚强意志和顽强性格，在实践中能提高处理复杂问题的能力，在逆境中增长经验，增长才干。三是提早培养孩子自立意识，早压担子早成才。早压担子，就是家长要看准孩子哪方面的潜能，早点创造条件，营造环境，对孩子加以培养锻炼，有意识地让孩子承担一些力所能及的任务，通过早压担子、多压担子，促使孩子快速成长、早日成才。

六、交往行为

莎士比亚说：交际，是人生的幸福。因为人是社会性动物，无法离群索居。每个人每天都需要从他人那里获得信息，学习他人的经验和智能，进行沟通协调，合作完成工作。在家庭教育中，父母必须重视对孩子交往能力的培养，更好地促进他们主动参与社会化，从而使孩子更好地适应社会，发展健全人格和个性，为将来工作和独立生活打下良好的基础。家长要培养孩子的交往能力，克服害羞心理，主动交往并关心别人，严于律

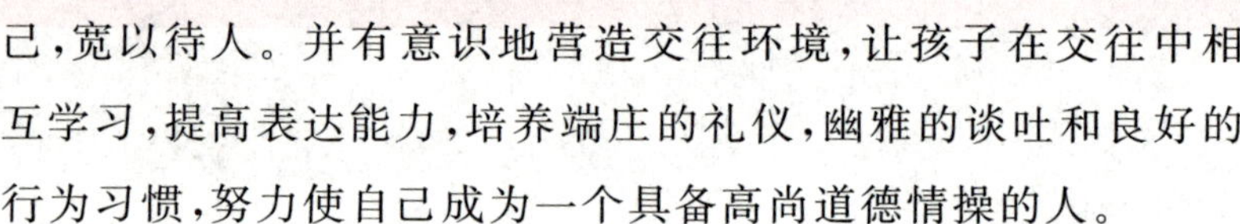

己，宽以待人。并有意识地营造交往环境，让孩子在交往中相互学习，提高表达能力，培养端庄的礼仪，幽雅的谈吐和良好的行为习惯，努力使自己成为一个具备高尚道德情操的人。

1. 孩子社交能力提高的秘笈

你要打开人家的心，你先得打开你自己的心，你要在你的心里容纳人家的心，你先得把你的心推放到人家的心里去。

——钱锺书

交往，是人类生活的重要组成部分。交往关系代表着人的心理适应水平，是心理健康的一个重要标志，是正常生活不可缺少的，而如拘谨胆小、害羞怕生、孤僻退缩等人际交往行为常常是心理疾病，或以自我为中心、不能合作、任性攻击等是心智不健全的重要标志。孩子交往能力强的重要表征是在家庭、班级乃至整个学校有稳定的人际关系网络，遇到学业生活困难能主动向同伴求助，行为表现总是充满阳光。缺少正常人际交往会对孩子造成困扰，影响他们的精神状态、学业成绩，甚至会引起疾病。良好的交往对孩子成长的促进是一个逐渐发展的过程，因此家长要用一些办法帮助孩子营造交往环境，提高社交能力。在学习之外给孩子创造一些和其他孩子交往和互动的机会，教给孩子一些交往技巧和原则，鼓励孩子多与其他孩子聊天、玩耍，培养合作意识和尊重意识，不能过于注重文化学习而限制孩子在社交方面花费的时间和精力。

案例呈现

案例一

婷婷是独生女，大人总是宠着她，在家里养成了一个人玩玩具的习惯，任性、爱发脾气的行为习惯也随之上涨。

有一天，幼儿园活动课上，当其他孩子都沉浸在区域活动中，专心致志摆弄自己的玩具作品时，突然听到"哗啦"一阵嘈杂声打破既有局面，只见桌上、地上都是乱七八糟的磁性玩具，而玩具箱侧翻在旁边。附近几个孩子被惊呆了，叽叽喳喳跑来报告老师："是婷婷扔的。"

这位有经验的老师正想上前批评一番，却见婷婷一副伤心而又委屈的样子，于是克制了情绪，微笑着委婉地问她："婷婷小朋友，你的玩具怎么都跑出来了？快告诉我，或许老师能帮助你。要不我们一起来收拾一下？"

婷婷不乐意地回答说："他们把我拼的飞机弄坏了。"

"哦，原来是这样，其他小伙伴把你的飞机弄坏了，你可以来告诉老师，或者知道谁弄的告诉他下次注意就可以了，你这样撒玩具、扔东西的方式来宣泄自己的不满情绪可不好呀，会把玩具弄坏的，而且也会影响其他小朋友！对你自己和其他伙伴都不好，乖孩子，来，我们一起快把玩具捡起来，继续玩好吗？"

案例二

某一天午餐后，一年级小朋友们都三三两两结伴或在做游戏，或在聊天……唯有佳佳同学怯生生地在左顾右盼地坐着，似乎想加入其他同伴中，但却不知道如何开口。过了一会儿，她实在忍受不了"孤寂"，拿起一本书，趾高气扬地向玩跳皮筋的小朋友走去。她扬起手里的书毫无顾忌地大声说："我也想跳皮筋，谁让我跳，我就把这本有趣的书给他看。"

几个小朋友当时玩得正嗨，就没人理会她，忽略了她。佳佳红着脸失望地走开了，于是又转到过家家这一组，这次完全像变个人似的，面带笑容地央求说："如果你们让我加入一起玩，我就把书送给你们！"

其中一个小朋友抬起头看了看说："这书是老师的，不是你的！你凭什么给我们看？"

另一个小朋友接着说："你骗人！"

不会利用多种技巧与同伴相处的佳佳，又吃了"闭门羹"，无可奈何，只好闷闷不乐地走了。

案例三

今天上午，燕妮的爷爷向我们反映：燕妮经常被小朋友打，现在很害怕，哭着不想上学了。平心而论，我们班是有几个调皮的孩子，经验告诉我不至于严重到如此地步。于是我展开观察和“调查”。在集体朗诵这一节课中，小朋友各就各位，认真地跟老师学念儿歌。当我的眼睛离开书本观察四周的小朋友，却发现燕妮有点不耐烦了，还没来得及提醒，她就伸出两只手，摸了摸坐在她旁边亮亮的脸，正在认真念儿歌的亮亮摇了摇头，想甩掉她的手。燕妮见亮亮没有理会她，紧接着不仅伸手去摸，还把嘴巴凑过去。此时亮亮“恼羞成怒”，抬起手“啪”的一巴掌刚好打在了燕妮的脸上。燕妮似乎知道自己的问题，但又觉得挨打很丢面子，马上自卫式地用哭腔说：“老师，他打我。”

老师耐心地说：“我看见了，打人是不对的。不过，当别人在读儿歌，你摸人家脸，打扰别人，影响人家也是不对的，小朋友不喜欢你这样子，以后改过来，好吗?”

接下来的一段时间，老师细心地观察燕妮的行为发现，她不管在什么时候，总是下意识地去摸摸小朋友的手、脸，有时还“情不自禁”地跑过去抱住别的小朋友。当别的小朋友不喜欢她这种方式，接受不了时，必然要推她，而不是总有小朋友去打她。

于是，老师把发现的情况告诉了她的爷爷，并进行了耐心的解释，希望得到理解和配合。对燕妮来说，摸手或许是一种示好行为，但忽略了别人的感受，结果适得其反。

案例反思

交往是人类认识社会的重要手段之一，也是自身发展的重要途径之一。通过交往人们可以传递信息,交流经验,相互合作,增进了解,从而促进社会进步和个人幸福。家庭教育的重要目标之一,是让孩子学会友好相处,形成团队意识和集体主义精神。孩子在具体活动中总会有磕磕绊绊,冲突也在所难免。从教育学角度来说,冲突的发生只要处理得当,不是一件坏事,而是难得的教育情境和教育资源。它可以让身处其中的孩子从不同角度细致地考察冲突行为发生的原因,以及了解自己行为造成的后果,学会移情性理解他人,从而协调自己的行为与纠正错误的认识,总结和提炼解决问题的方法,以便更好地尊重、理解、宽容他人,更好地适应生活。

家长都希望自己的孩子将来能够幸福快乐,大部分也知道孩子的社交能力对他们的成长有着极大的影响。因此,为了促进孩子的学业发展,使孩子得到幸福快乐,减少抑郁的可能性,家长就应该采用一些办法帮助孩子提高交往能力。所谓交往能力,是指人与人之间信息传递、思想沟通和情感互动等相互联系的能力。它是个体个性特征的综合心理能力,是全面提高孩子素质的重要组成部分,更是健全孩子人格的主要手段。孩子只有在与人交往过程中,才能深刻认识自己,发现自我,提高心理承受能力和社会性,使孩子不同于狼孩。家庭是幼儿首临的生存环境,但随着孩子的成长,开始慢慢加入家庭之外的社会群体,从而在同伴、幼儿园(教师和同伴)、邻里、社区等社会群体和机构环境中,与其中的人、事、物进行多方面互动。这其中最主要、最经常的接触者就是家长、老师和同伴,这些人因此成为孩子生活和发展的“重要他人”。与这些人的交往对孩子成长和发展的影响最直接、最持久。因此，亲子交往、师生交往和同伴交往成为孩子交往能力提高的三个重要组成部分。

孩子的交往问题包括辅助性交往问题和适应性交往问题。辅助性交往问题主要表现在孩子交往发展的特点；适应性交往问题主要表现在交往过程出现的问题及其解决。随着年龄的增长，孩子的独立性和批判性也在增强，交往心理也在不断变化。小学生交往开始从对师长的依赖走向自主发展，从对家长和老师的完全信赖到表现出批判性怀疑和思考。中学生交往主要表现在结朋交友、建立友谊，其间建立的友谊表现出明显的稳定性、亲密性、矛盾性、观念的开放性、行为的自主性、范围的广泛性、内容的丰富性、手段的多样性等特征。孩子的交往主要涉及认知、情感和行为三方面，认知是交往的前提条件，通过认知相互了解认识、理解而建立一定的稳定心理关系，情感是交往的调节因素，行为是交往的重要手段。因此家长在对孩子进行交往教育时，首先，要了解交往的功能：促进信息沟通；提高学习、工作效率；促进身心健康；形成良好个性；协调群体。其次，把握好交往的原则：平等原则、尊重原则、真诚原则、互助互利原则、信用原则、宽容原则等。最后，学会保持友谊方法：珍视友情、运用正确交往方式、形成积极的关心品质、改变不良交往行为。家长在帮助孩子掌握正确交往行为时，要鼓励孩子克服异性交往的紧张、解决师生和亲子交往困难、交往中的孤独（如案例二中的佳佳）、交往中羞怯、以自我为中心（案例一中的婷婷）、自私行为、从众心理，以及暴力倾向、交往方法缺乏（案例三中的燕妮）等。

策略与方法

孩子良好交往能力的培养是一个长期而漫长的过程，可以通过培养和训练获得，但需要家庭、幼儿园、学校和社会等各方面密切的配合，形成一致的作用力，才能促进孩子良好社会性品质的形成，从而在场面挑战的世界里健康向上地成长。

1）营造一个和谐健康的家庭交往氛围

在日常生活中，家庭应该充满民主平等、亲切和谐的氛围，克服单一的以父母为中心或以孩子为中心。孩子交往是一种社会学习行为，是在模仿成人的过程中习得的。孩子从出生起，就一直体验着家长接人待物的态度，并从中加以模仿从而形成自己的交往态度与方式。因此，父母应在孩子面前以身作则，尽量防止将一些负能量的语言、行为、习惯带到自己的生活中，要求孩子做到的自己一定也要做到，家庭成员之间应尽量避免当着孩子的面发生争执，恶语攻击对方、动手攻击对方等都会潜移默化影响孩子的交往，任何争执的局面都会让孩子感到紧张、恐慌，压抑交往的欲望，还会使孩子在不知不觉中学到一些负面的交往方式。

2）激励孩子的交往兴趣和欲望

独生子女家庭里长大的孩子都很渴望和同龄的伙伴们一起玩儿，所以家长要经常给孩子创设接触的环境和机会，如邀请孩子的好朋友参加生日 Party 等，鼓励孩子花费一定的时间和精力去和同龄人聊天、游戏、出游；多带孩子串门，支持孩子邀请同伴到自己家里来玩,不能以家庭的整洁卫生为由将孩子的伙伴拒之门外;在拜访亲友时,一定带着孩子,增加孩子见识以及和社会接触面,借机强化交往行为和技能的培养。一则培养孩子的礼貌用语,丰富孩子的语言,提高语言表达能力,克服害羞心理;二则可以丰富孩子的交往经验和技能,到别人家做客时,引导孩子懂得基本礼仪,进门时先敲门,得到允许后再进入;遵守规则、多从对方的角度考虑问题等;和小伙伴一起玩耍时想玩什么玩具要先有礼貌地请求,尊重别人的想法,得到允许后再玩游戏。交往中出了问题家长可以随时解决。这样一来,见到陌生人知道说什么和怎么做,孩子便克服了害羞心理,从而增加自信心。

3）根据孩子的发展规律教给孩子交往的技能

生活中一旦很多家长意识到孩子交往的重要性,总是迫不及待地让孩子尽快掌握成人交往的技巧,而忽略了孩子的技能是一种心理能力,心理发展需要一个过程。因此,孩子交往能力的提高,一方面,需要具备相应的心理成熟度,为交往奠定生理基础;另一方面,需要不断地学习和积累经验,因此家长要适应孩子成长的规律,保持平常心,用宽容的态度来看待孩子在交往方面表现出来的问题,并及时加以纠正,但决不能用成人的标准来要求孩子。

孩子的社会交往包括同伴交往、师生交往和亲子交往三部分。师生交往和亲子交往中,要求孩子要尊重老师和长辈,注意礼貌,家长和老师应该正确对待孩子交往出现的问题,及时指出存在问题并根据情况予以引导,或提供相应的解决策略。

同伴交往应该掌握一定交往技能，必要时采用恰当方式解决交往中所遇问题。例如，更多地注意他人的长处而不是缺点；同伴交谈要用别人喜欢的名称打招呼；理解同伴的兴趣和爱好，既能服从别人的兴趣，又不失自己的特长，但不去盲从；喜欢共同分享玩具、活动场地，乐于帮助遇到困难或缺乏经验的同伴；在集体游戏活动中不先声夺人，既能积极地提出有助于问题解决的建议，又能主动遵守规则和别人意见，但不强迫别人接受或服从等。在交往中，要掌握基本原则，懂礼貌、会合作、爱分享的孩子往往深受同伴欢迎。

4）正视孩子的交往冲突

家长要清楚，采取正确的态度对待孩子们在一起产生的摩擦、争吵很重要，当孩子间发生一些争执、冲突时家长首先要做的是安抚自己的孩子，在了解原因后，对自己孩子的问题不能护短，不能以“不吃亏”教育孩子，强行干涉孩子，甚至回避交往；要引导孩子正确认识交往中的各种矛盾，学会“独自”面对交往中的小问题；适时客观、公正地对问题解决加以引导，教给孩子分享、交换、轮流、协商、合作等一些正确的交往态度和方法，相信孩子有独特的交往智慧，能够化解各种矛盾；应该适时科学地加以引导，尽量少干涉孩子们的相处过程，更不能代为解决问题，避免因大人的方式不一定适用孩子问题所引起的副作用，培养孩子知错就改的习惯和宽容的情怀，在交往中，能互相帮助，具有同情心，悦纳别人。另外，亲子间发生矛盾时，尽量克服烦躁心情，心平气和地分析原因，对事不对人，避免简单粗暴的拒绝、争吵乃至发怒。

5）关注孩子交往行为的点滴进步

聪明的家长能及时发现孩子的每一点变化是增加孩子自

信的重要途径。例如，孩子第一次主动与老师打招呼，向一个陌生人微笑致意，热情邀请同学来自己家做客，同情弱者，帮助他人等，家长要随时看在眼里，记在心里，切记孩子交往无小事，并不失时机鼓励坚持。相信皮格马利翁效应，看到孩子的良好表现而倍感欣慰只是时间问题。

生活中，有些孩子在家能说会道，但在外出场合或陌生的环境就会面红耳赤。导致这一现象的少部分原因是孩子天生的胆小，但大部分是父母一向对孩子过于严厉等后天造成的。因此，家长在平时应抓住每一个让孩子得到锻炼的机会，多给孩子一些自由，多听一听孩子的主张、看法和意见，尊重孩子的交往个性，鼓励他们主动接触一些人，协助他们自主开放地处理和解决一些他们能解决的事情，不断积累知识，不失时机地进行实践和锻炼，让孩子充满自信，培养孩子的胆量和与人交往的能力。另外，要克服孩子享受赞美的同时，不要忽略了自己的弱点以及欣赏别人的优点。教育孩子以诚待人，宽以待人。

2. “地铁黑手”事件就是一个孩子最本质恶意的袒露

火气甚大，容易引起愤怒的烦扰，是一种恶习而使心灵向着那不正当的事情，那是一时冲动而没有理性的行动。

——彼得阿柏拉德

从一般意义上说，冲动多指感情特别强烈，做事鲁莽，不考虑后果，理性控制很薄弱的心理现象。它可能表现为行为上的，也可能表现为思想意识上的。元朝王实甫《西厢记》第五本第三折："休说别的，只这一套衣服也冲动他。"这里冲动是指诱动、挑动；《东周列国志》第九回："陈兵原无斗志，即时奔散，反将周兵冲动。周公黑肩阻遏不住，大败而走。"这里冲动是"冲击、撼动"之意；曹禺《雷雨》第二幕："你忘了，那时我年轻，我一时冲动，说出来这样糊涂的话。"这里的冲动是指一种感情特别强烈，理性控制很薄弱的心理现象。但下文这位男孩的行为仅仅是"冲动"之举吗？

案例呈现

案例

2016 年，网上有过这样一条点击率很高的新闻，有一位网友这样描述道：他在地铁站等地铁时，旁边一个小孩子因为想吃一个比其年龄稍大的女孩手里的炸鸡排，于是不停地和妈妈哭闹，或许小男孩的妈妈被闹急了，或者是搪塞，或者想看看自己孩子的反应，便让孩子去向女孩要，告诉小男孩说："那你去跟姐姐说，让姐姐把炸鸡排给你吃。"

于是小男孩便侧过头有点羞怯地对女孩说："我要吃鸡排！"女孩或许出于陌生反应，又或不舍得，瞄了一眼就侧过了身，没理他。小男孩继续哭闹，妈妈显得束手无策……

故事情节发展至此也就没有什么要说的了，呈现在读者面前的也不过是一个"熊孩子"不懂礼貌胡搅蛮缠，这是司空见惯的事情，没有扣人心弦，至少也算不亏不损……而之后发生的事却惊呆了所有人。

列车飞驰，很快传来地铁进站的广播通知，就在远处呼啸的地铁列车夹着快风就要到站的时候，说时迟那时快，小男孩突然挣脱了妈妈的手，跑上前使劲儿推了那个“吝啬”女孩一把！女孩本能地发出了尖叫，眼看女孩就要栽下站台，幸运的是，身边一直关注女孩和小男孩的他(描述者)在千钧一发的时候，抓住了女孩的胳膊，将其拉上站台，女孩得救了，就在大家惊恐之际，小男孩妈妈却拽着自己的宝贝儿子，迅速钻进拥挤的人流里，若无其事地消失得无影无踪。

(资料来源：河北智慧家长. 2岁女孩因恶作剧坠楼身亡：熊孩子和杀人犯之间，隔着家长而已［EB/OL］. http://www.toutiao.com/i6441067365898650113/,2020-09-10.)

案例反思

这则新闻在网上关注度和转载率都很高，说明人们对情节中生命的关注，对男孩举止及其妈妈的冷漠表达了震惊。有网友说有关孩提时代发生的事件多是无心之失，但这位“地铁黑手”事件就是一个孩子最本质恶意的袒露。家庭生活中经常可见当孩子摔在地板上哇哇哭的时候，父母总是哄孩子说“乖宝贝儿别哭，妈妈/爸爸打它(地板)”；当孩子自己用木棍用力敲击凳子，震得手痛时，父母总是有意无意地打凳子几下；当小鸡啄了孩子一下，父母常说“宝宝别怕，今晚妈妈/爸爸就给你炖了它，让你解解气”；当自己的孩子被别的小朋友无意搡了一把，妈妈/爸爸总是教导孩子说要还手，打回去啊……

也有网友评论说，孩子还那么小，自制力差，有时不可能像成年人一样严谨把控自己的行为，这是可以理解的，但却是不能轻易地原谅的，男孩推女孩不过是一瞬间的事儿，可能是一时情绪过激没控制住冲动罢了……

精神科学家萨尔瓦多·蒙塔万方曾指出："冲动是负面的动力，也是人们正常行为举止的一部分。当冲动变成勇气时的行为带来了好的结果时，人们便不再称为果敢，如'反应迅速''当机立断'等。"因此冲动是与生俱来的生理反应。也有专家指出，如果要求得不到立刻满足，在特定的环境下，有些人的冲动就会转为病态，如做事不假思索、感到厌烦、不计后果、急于求成，或行为具有挑衅性等。这种行为应该及时制止或加以纠正，易出现病态冲动的人对容易上瘾的事务缺乏抵抗力，如有部分青少年，过度沉溺于酒精、多动症、上网和毒品，完全不考虑其严重后果。而在酒精与毒品作用下，会让他们变得更易冲动。这说明病态冲动危害大。可见生活中冲动是魔鬼，冲动得到的是惩罚。

案例中这位在现场的男孩妈妈行为如何理解？先是对孩子哭闹处置失当，让男孩去要鸡排，当推搡事件发生，事关生命时，这位妈妈却溜之大吉。这只能说妈妈更不懂事，更冷漠。孩子总结了妈妈的"家教"：你惹我不高兴？那你去死吧！

策略与方法

1）强化家长在家庭教育中的作用

家庭教育是整个教育体系的重要组成部分。父母等长辈对孩子成长影响力的大小，取决于教育方法和相应的态度，并受制于父母的职业和受教育的水平。据统计，严格的家教和宽松的家教对孩子带来的影响，都能找到相应的案例。古话说："其身正，不令而行；其身不正，虽令不从。"父母在日常行为的率先垂范对孩子的成长极为重要。孩子的模仿行为是其天性，同时也较容易接受父母的合理要求。父母自己做不到的事情却要求孩子去做，孩子自然不会听从，一种角色或一种榜样对孩子的影响力可能会更大一些。本案中男孩的"冲动""冷漠"在一定程度上是映射父母行为和形象。面对孩子对鸡排诱惑这位妈妈应该安慰男孩，教育他不要轻易吃别人的东西，一则夺人所爱不好，二则也是自身健康的需要，万不得已情况下应该自己去和女孩说，而不是放纵孩子去要。情节的最后也可以发现，这位妈妈平时对生命不够尊重，事发当时这位妈妈应该冷静下来，安慰这位女孩，借助这种情境严厉批评自己孩子，使其认识到错误的严重性，并保证以后不能再犯，同时争取女孩和围观人群的谅解，而不是匆匆逃走了事，这样会害了自己孩子。

另外，家庭教育中很多父亲对孩子的教育刚多柔少，为了树立所谓权威，把对孩子的柔情等同于"女子气"，对孩子吆五喝六，孩子会因畏惧而对父亲"敬而远之"。这种远离没有任何教养的魅力，只是沟通的失败。一些母亲在家庭教育中，具有女性的美德和天赋，温柔体贴、情感细腻等优点，母亲的温存、宽容、优雅的风度和文明举止都是培养子女良好心理品质的先决条件。但对孩子教育问题上宽严失度，事事顺从，则表现了母亲应该提高文化素质，加强自身的修养，同时要强化家庭教育方法的研修。

2）用爱的教育培养孩子天使般的性情和气质

性情是受社会环境与文化影响的，是指孩子的禀性、气质、思想、感情、性格、脾气，表现为个性与社会共性两方面的结合。气质是相对稳定的心理特征，是指人的生理、心理等素质，表现为相对稳定的个性、风格及气度，但都不是一成不变的。国内“权威人士”认为1～2岁期间最适合培养孩子性情、气质，很多人没有认识到幼儿园教育是培养孩子良好气质的时期。苏联教育家马卡连柯认为：“教育基础主要是以前奠定的，它占整个教育过程的90%……”[①]蒙台梭利曾指出：“儿童出生后三年的发展在其程度和重要性上超过儿童一生的任何阶段。”[②]孩子的气质、性情的培养不仅对孩子各环节要求严谨，全体家人也要率先垂范，日常生活中不要在孩子面前吵闹、粗暴、说脏话，家庭成员之间都要微笑摆手打招呼、说问候语言。管教孩子时不要袒护溺爱他们，让孩子尊重身边每一个人，但不要打乱孩子的常规作息规律。另外，要经常引导孩子静思反省，三省吾身。要经常性地自我对照检查，要培养孩子善于发现自己思想、灵魂深处的优点，但也要正视自己的缺点、错误，防止在不知不觉中放任思想道德中的不足，避免缺点泛滥。案例中妈妈暴露的重要问题是平时对孩子管教不严，存在纵容现象，甚至孩子犯

---

① 马卡连柯. 父母必读[M]. 北京：人民教育出版社，1957：31-34.

② 玛利亚·蒙台梭利. 蒙台梭利方法[M]. 天津：天津人民出版社，2003：91.

了严重错误也不加强教育。家长要求孩子平时要俭朴节约，养成好的行为习惯。孩子如果不善于或不认同俭朴节约，一时高兴而忘记了以前所遭受的痛苦，仍然会重蹈覆辙。家长要教育孩子遇事保持清醒的头脑，不自乱阵脚，经常对照检查自己，不因生活、待遇改善而沾沾自喜，也不因一时好恶而改变初衷，养成良好生活习惯，不吃零食。

3）教会孩子调适冲动情感

孩子的冲动通常在受到外界强烈刺激的情境下出现，容不得半点冒犯而偏偏遇到抵触的情境下发生，也可以在怨恨和愤懑长期郁积于胸无法排遣而出现微不足道刺激的情境下发生。三种原因皆会产生破坏性的后果。由是观之，本案例中孩子的推搡行为正是这三种原因所致。因此家庭教育中必须让孩子注意修身养性，遇事三思而后行，时刻提醒自己“戒怒”等，才是避免出现病态冲动的有效手段。

(1) 调动理智控制自己的情绪，使自己冷静下来。克制是化解冲动的良药。冲动往往来去匆匆，只要想办法抑制片刻，就可避免。一般而言，实施克制行为有两种方法：一是忍耐。尽管冲动情绪像匹野马，但缰绳还是紧紧握在自己手中。当听到不爱听的话语，甚至恶语攻击，在心里默念“我不发火”“我不在意”等，不要顿显暴怒，反唇相讥，以眼还眼，以牙还牙，否则很可能引起双方争执不下，自然于事无补；也可以在心里默背自己喜欢的诗词或文章等，这样能降低情感爆发强度。二是谦让。“你要记住，永远要愉快地多给别人，少从别人那里拿取。”(高尔基语)我国更有清朝名士张英赋诗曾劝导家人说“千里修书只为墙，让其三尺又何妨？”的谦让美谈。在家庭教育中，孩子在遇到较强的情绪刺激时长辈应想办法强迫他们冷静下来，找个安静之所，并迅速分析和讲清楚前因后果，待孩子平复情绪后，再表达情绪或消除冲动，避免陷入冲动鲁莽、简单轻率的被动局面。本案例中那位妈妈面对尴尬的孩子就没有提醒孩子冷静一下，并采取理智的对策，只用寥寥数语正面表达自己受到的伤害，并机智转移话题。

（2）运用好暗示、转移注意法。生活中大量实践证明，冲动是一时性急，一旦爆发，很难调节控制，能够做到的是未雨绸缪，尚未爆发前，立即采取措施转移注意力，避免消极情绪能量积累，可尽力引导让孩子想一些无关的事，尤其让孩子开心的，或者从事一些其他活动，不要让孩子脑子闲下来，手脚不能停下来，通过这种途径释放心里的积怨和负能量，摆脱因发怒带来的思想负担。让孩子生气的事，一般都是触动了他们的尊严或切身利益（案例中女孩没有给男孩鸡排很是没有面子）的事，一下子冷静不下来，所以当长辈发现这种情况时，可以及时采取暗示、转移注意力等方法让孩子进行自我放松。言语暗示如“冲动是魔鬼”“盲目冲动要付出代价”“冲动非君子所为”等，或去一个安静平和的环境，或转而去做一些简单的事情，这些都很有效。

（3）进行一些有针对性的训练，培养孩子的耐性。长辈可以经常有意识地选择一些需要静心、细心和耐心的事情去做，如练字、绘画、静坐、慎独、陶艺制作，还可以学钢琴等，这些高雅行为不仅陶冶性情，还可丰富业余生活，增加智慧。

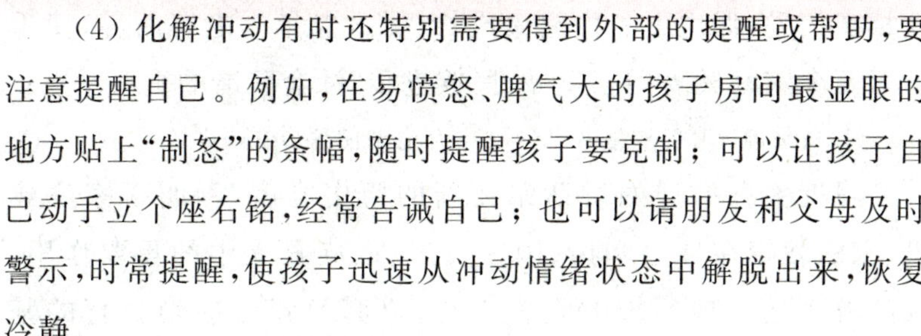

（4）化解冲动有时还特别需要得到外部的提醒或帮助，要注意提醒自己。例如，在易愤怒、脾气大的孩子房间最显眼的地方贴上“制怒”的条幅，随时提醒孩子要克制；可以让孩子自己动手立个座右铭，经常告诫自己；也可以请朋友和父母及时警示，时常提醒，使孩子迅速从冲动情绪状态中解脱出来，恢复冷静。

3. “女生火锅店毁容”是来自一个熊孩子蓄谋已久的谋杀

立志不坚，终不济事。

——朱熹

家庭教育和学校教育、社会教育并称为教育的三大支柱，自古以来就受到人们的关注，孝文化、君子文化都是中国式家庭教育的正面结果，更是当代中国文化的优势资源，是开展新型家庭教育的精品。只是社会急剧转型期的中国，成年人的价值观发生巨变，随着以道德为核心的价值观遭到破坏，家庭教育的支柱正在崩塌，重智育轻德育成为家庭教育的普遍趋向，导致家长教育缺失或者失位，这一严重问题亟待引起重视。

家庭是社会的基本细胞，是人生的第一所学校。无论时代、生活格局发生多大变化，我们都要重视家庭建设，注重家庭、注重家教、注重家风，紧密结合培育和弘扬社会主义核心价值观，发扬光大中华民族传统家庭美德，促进家庭和睦，促进亲

人相亲相爱，促进下一代健康成长，促进老年人老有所养，使千千万万个家庭成为国家发展、民族进步、社会和谐的重要基点。

（资料来源：习近平总书记在2015年春节团拜会上的讲话）

习近平总书记的讲话站在新的历史高度，阐明了家庭建设、家庭教育在社会和谐、国家发展、民族复兴中的重要作用。人的教育是一项系统的教育工程，家庭教育是一切教育的基础。苏联著名教育学家苏霍姆林斯基曾把儿童比作一块大理石，他说，把这块大理石塑造成一座雕像需要六位雕塑家：①家庭；②学校；③儿童所在的集体；④儿童本人；⑤书籍；⑥偶然出现的因素。由此可见，家庭在塑造儿童的过程中起到很重要的作用，在这位教育学家心中占据相当的地位。[①]

联合国教科文组织在1996年发布报告《学会生存》中，提出的教育的四大支柱：学会做人、学会做事、学会学习和学会与他人共同生活的终身教育思想。笔者认为家庭教育是终身教育，这四大支柱就是家庭教育的核心内容。[②]

一个不懂得应该怎样做人的孩子，就不可能有明确的学习志向；一个没有顽强意志品质的孩子，就不可能刻苦学习；一个没有孝心的孩子，就不可能自立自强，不会少给父母添麻烦。家庭教育的主要任务、首要任务应该是从孩子的品德教育抓起，教育孩子学做人。鉴于教育对象的特殊性，真正的家庭教育不是告诉孩子什么可以做，而是告诉他什么不能做。

---

① 苏霍姆林斯基. 家庭教育学[M]. 杜志英，译. 北京：中国妇女出版社，1982：123-127.

② 联合国教科文组织国际教育发展委员会. 学会生存：教育世界的今天和明天[M]. 北京：教育科学出版社，1996：231-235.

案例呈现

案例

两个花季女孩儿在一家火锅店边吃火锅边嬉戏聊天，单纯无邪，可不幸的是，她们被隔壁桌的小孩子瞄上了，其中一个女孩的灾难就此降临。

起初熊孩子或许是对女孩手机产生了兴趣，便跑到两个女孩儿的桌下想偷拿放在桌角的手机，女孩儿发现后出于对自己财产的本能保护，收回了手机，孩子非常不满，跑去向妈妈告状并得到了响应，便又去试图要女孩儿的手机。被拒绝后，熊孩子觉得很丢面子，愤怒地站在隔壁的椅子上往两个女孩正在吃的火锅里吐了好几口口水……

熊孩子的恶劣行径完全超出了两个女孩的预料，她们被吓了一跳，周围顾客也被着实惊了一下。但熊孩子的父母以孩子小、顽皮为由，把自己孩子叫了回去。店老板从长期经营角度来看，没有说什么，为这两个姑娘更换了火锅底料。在此期间，熊孩子并没有意识到自己的错误，也不在意周围人的看法，一直躲在父母背后洋洋得意地打量着两个姑娘，颇有成就感。

大约一刻钟后，就在其中一个姑娘起身去洗手间的刹那间，熊孩子发现难得机会，飞快地蹿到去洗手间女孩儿的椅子上，没等另一女孩反应过来，将满满一锅滚烫的火锅汤

料,劈头盖脸泼在了对面女孩的脸上。悲剧就这样无情地发生了。

一个年轻女孩儿最珍贵的脸,说毁就给毁了。

(资料来源:河北智慧家长.2岁女孩因恶作剧坠楼身亡:熊孩子和杀人犯之间,隔着家长而已[EB/OL]. http://www.toutiao.com/i6441067365898650113/,2017-07-10/2020-09-15.)

案例反思

曾经的央视一姐倪萍在其《姥姥语录》里说起一生最感谢的人,即一手把她抚养长大的姥姥时这样说:"大花生、小花生吃到肚子里都得嚼碎了,种在地里可就不一样了。好种子结好花生,孬种子结小花生。孩子也是这样,你们都在跟前看着。我要是做那'聪明'事儿,你们长大了就聪明了。种下什么种子就长什么果儿。"

可见,良好的家庭教育是优化孩子心灵的催化剂,孩子从婴儿期步入幼儿期,随着年龄的增长,由家庭这个小环境终将步入大社会,接触家庭外的人群、事物。而原生家庭是影响孩子品格养成的必要因素之一,一个受过良好家庭教育的孩子无形当中,就决定了他/她以后会是一个人见人爱的天使;一个没有接受科学家庭教育的孩子可能会成为谁见谁烦的熊孩子;一个做错事情受到父母纵容,甚至在凶杀暴力、荒诞下流的镜头下长大的孩子很可能成为让整个社会都闻之失色的杀人犯。本案例中的熊孩子就是一个典型。

案例中熊孩子行为不是"无心之失",更不是"一时冲动",

这是来自一个小孩子蓄谋已久的攻击性行为，是明目张胆的谋杀。明知有害却故意为之，这不是没有人性的“熊”，这分明是昭然若揭的坏。

生活中父母对孩子的爱是与生俱来的天性，总是担心孩子被烫伤，因此不厌其烦地千叮咛万嘱咐，一定要牢记离热锅和热水远一点。而案例中的父母却有意或无意地纵容了孩子用可怕的热汤去伤人。事实上，当看到孩子吐口水时父母若当机立断严厉教训孩子，并晓之以理，动之以情，要求自己的熊孩子道歉，或许后面的惨剧就不会发生。

生活中还有很多长辈和父母存在错误认识和侥幸心理，甚至推卸责任地认为“我小学都没有毕业就下学了，教不好孩子也不能都赖我”；也有家长认为“书香门第才讲究家教，普通家庭的孩子能长大成人就大功告成了”；甚至有家长认为“有钱才能谈教育，没钱还说啥教育”。这些无知认识源于对教育的误解，更源于责任心太弱。

姥姥用养育倪萍成长作为她一辈子的教育成果告诫世人：穷养富养不如教养，家教是一个家庭的内在灵魂，是一个父母给予孩子最诚恳的“身份证”，是为人父母的最高人格体现，是家国情怀的基础。孩子修养表征着一家人的“精神存款”是富足还是贫瘠。

策略与方法

案例中发生的攻击性行为是指正处于能量急剧增长的熊

孩子恶意伤害除自己以外的任何对象的行为。心理本质是急剧增长的能量在生理我与心理我之间同一性危机状态下的不恰当释放,原因是青少年学生所处情境交互作用的消极影响。是目前儿童中较为普遍的一种问题行为,既影响着人格健全,也是个体社会化成败的一个重要指标。因此,必须加以重视。这种攻击性行为除了生理和心理等原因外,笔者认为与家庭教育关系较大。专家通过对大量实践案例分析发现,被父母溺爱的孩子往往个人意识太强,一旦主张不被认可、行为受到限制就容易采取“还击”行为;生活在专制型的家庭中孩子心理长期受到压抑而郁结与不满等负能量一旦爆发,往往会选择较为激烈的行为发泄积怨;孩子还会模仿家长的攻击行为,“种瓜得瓜,种豆得豆”,长期下来就易形成攻击性行为;还有家长的错误认识和指导所致。例如,有的家长怕自己孩子吃亏,当孩子被人打而孩子又未还手时,骂道:“你真蠢,别人打你你不知道还手啊!”甚至教育孩子说:“如果别人打了你,你就狠狠地打他,以后他就不敢欺负你了。”家长这种过分的袒护甚至是溺爱,使孩子产生了一种随时可以攻击别人的合理感日益占据上风。

1)创设适宜孩子成长的环境

中外儿童教育专家的研究结论告诉我们,惩罚挫伤了儿童活动的积极性和创造性,妨碍儿童对正确行为的学习,容易产生对抗情绪,不利于儿童社会化的发展,通过创设环境来矫正其侵犯行为是最佳途径之一。例如提供一些正确的行为模式,让孩子通过比较进行选择,满足其行为需求;可以为他们提供足够的生活和学习场域、丰富的食品、有趣的书籍、娱乐器材等，提供观察、学习人际互动和交友的机会，鼓励与别人合作，借助观察、互助、合作等亲社会行为，形成稳固的亲社会模式。这里要特别强调家长的表率作用，言行一致。同时树立好榜样，尽量利用积极的行为榜样引导他们。

2）教会孩子如何宣泄攻击性情感

烦恼、攻击、挫折、愤怒等侵犯性情感，是点燃侵犯行为的导火线。因此，家庭教育时家长和同辈要教给那些受到挫折、攻击、干扰的孩子以宣泄的方法，减弱其侵犯性情感的强度；过分压抑侵犯性情感换来的是暂时的安宁，其被压抑的侵犯性情感一旦深入到潜意识中，就很有可能危害其身心健康，一旦有机会会爆发得更突然、猛烈。长辈应引导孩子倾诉内心体验到的侵犯性情感，采取适当方法宣泄其内心无法排遣的挫折、烦恼与愤怒。经常组织孩子参加各种业余文艺、体育活动，以便释放体内的内在能量；不失时机地对孩子进行青春期教育，使其能正确认识自己、外部世界和他人。

3）干预儿童的侵犯行为

有时候，发生的侵犯行为没有导致公然对抗日益被忽视。本案例中熊孩子偷拿手机，女孩没有声张。但是，忽略这种可能引起公然对抗的侵犯行为，后果会更加严重。因此在诸如此类的情况下，家长必须进行及时干涉，使孩子认识到侵犯行为是不能接受的，并主动维护和赔偿受害者合法权益，对孩子的侵犯行为进行有效的现身说法教育。本案例中，熊孩子向女孩火锅中吐口水行为就侵犯了她们的权益，父母处置不了了之，由店老板换锅底，孩子没有受到及时干预和教育，导致后来的

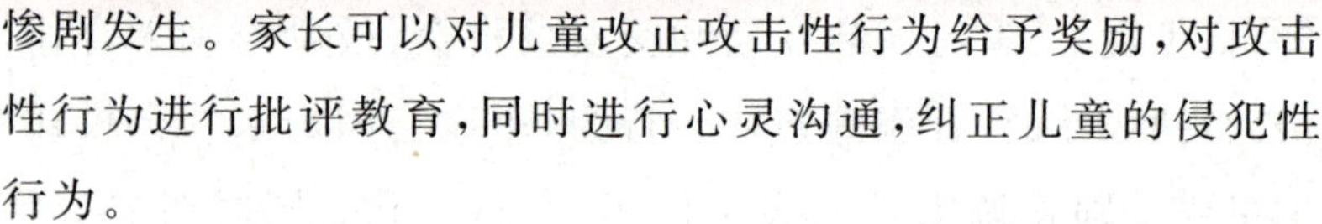

惨剧发生。家长可以对儿童改正攻击性行为给予奖励，对攻击性行为进行批评教育，同时进行心灵沟通，纠正儿童的侵犯性行为。

4）培养孩子自制力

大量研究和事实表明，孩子的自制力是孩子良好意志品质的重要组成部分，学会和善于内在控制自己情绪可以避免冲动的感情动作化和外显化，从而制止破坏性行为的发生。自制力是指能够完全自觉、灵活地控制自己的情绪的良好心性，是约束自己言行的意志品质。因此自制力的培养首先让孩子明确自己的生活和学习目标，确定了一生朝哪个方向走，并决心成为一个什么样的人，使言行服从和服务于自己的人生目标，这样遇到偶发事件方能不乱方寸，更好排斥同目标相对立的各种诱惑，就能够控制自己；制订切实可行的行动计划，并想方设法坚定不移地加以实施，轻易改变和放弃，就会严重地削弱自制力，甚至半途而废；引导孩子在做事情过程中决不迁就自己，一旦意识到某件事或行为是不对的，不管它有多么强烈的诱惑力，决不作半点让步，坚决克制；孩子自制力培养要从小事做起，利用学习、工作、生活中的千千万万件小事训练意志力，从而使孩子更加坚强；要培养儿童对侵犯行为的自责心理和同情心，经常进行移情性理解，设身处地地体会受害者的痛苦；教育孩子认识到侵犯行为的不良后果，学会自我反思，养成良好的行为习惯。

参考文献

[1] 滑经纬. 专家：家庭教育最忌功利与浮躁[N]. 现代教育报·家长周刊，2016-11-29.

[2] 何艳茹. 心理卫生与心理辅导[M]. 沈阳：辽宁大学出版社，1999.

[3] 联合国教科文组织国际教育发展委员会. 学会生存：教育世界的今天和明天[M]. 北京：教育科学出版社，1996.

[4] 卢梭. 爱弥儿[M]. 李平沤，译. 北京：商务印书馆，2013.

[5] 留守儿童群体存在问题及对策的调研报告[R]. 光明日报，2015-06-19.

[6] 龙应台. 孩子，你慢慢来[M]. 上海：生活·读书·新知三联书店，2009.

[7] 马卡连柯. 父母必读[M]. 北京：人民教育出版社，1957.

[8] 玛利亚·蒙台梭利. 蒙台梭利方法[M]. 天津：天津人民出版社，2003.

[9] 苏霍姆林斯基. 苏霍姆林斯基教育箴言[M]. 朱永新，译，北京：教育科学出版社，2016：12.

[10] 唐灿. 转型社会中的家庭与性别研究：理论与经验[M]. 呼和浩特：内蒙古大学出版社，2010.

[11] 夏可树. 家庭教育和学校教育的优势互补研究[J]. 济宁学院学报，2009，30(3).

[12] 约翰·杜威. 学校与社会·明日之学校[M]. 赵祥麟，等译. 北京：人民教育出版社，2005.

[13] 郑金洲. 教育反哺刍议[J]. 教育研究，2008(5).

后　记

家庭是孩子来到这个世界之后开始人生之旅的第一场所，父母是孩子的第一任启蒙老师。在孩子最早打量世界、认识世界的时候，他们接触最多的人是父母，最先被孩子无条件认定的、最亲近的人还是父母。父母的一言一行、一举一止，都体现着他们的生活方式和人生态度。因此，作为家长必须时时处处以身作则，给孩子树立起良好的榜样。“智慧父母成长课堂”丛书就是基于此种主旨的探索，将理论与实证分析相结合，给家庭教育提供一些有益的启示和帮助。

期待通过本丛书的出版，能够帮助广大读者建立这样的家庭教育理念：家长对孩子的身体发育、心理发育、智力开发以及孩子各方面能力的培养肩负着无可替代的重要职责，既要教会孩子怎样学会知识，又要教会孩子怎样做人；家庭教育对孩子行为习惯的养成、学习态度的奠基、世界观和人生观的确立都有着重大的促进作用；每个孩子的成长，既要依靠学校教育的培育、社会教育的规范来完成，更需要家庭环境的滋养、家长教育的点亮来完善。

本丛书的顺利出版，首先要感谢上海开放大学副校长王伯军。王校长作为本丛书的总策划，确立了丛书的选题、结构框架、总体方向和表达风格。其次要感谢上海开放大学非学历教育部部长王松华和副部长姚爱芳，他们自始至终参与了丛书的策划和定稿，为丛书的顺利完成时时助力。

本丛书能够如期付梓，还要感谢几位作者，他们在丛书编委会的指导下度过了两年携手同行的编写时光。作为一线教师，在繁忙的教学和科研之中，他们对家庭教育满怀热情，以大胆执着的探索精神、扎实严谨的科学态度，在广泛调研的基础上，潜心写作，笔耕不辍，高效完成了本丛书的写作。在此，向他们表示由衷的敬佩和感谢！

本丛书的圆满出版，更要感谢清华大学出版社编辑团队，他们为丛书的设计和出版付出了辛勤劳动和专业智慧。同时，还要感谢上海开放大学人文学院艺术系的郭大伟老师，为丛书设计了精美的插画。

本丛书从制订撰写方案到完稿虽然有两年时间，但限于作者在这一新领域的撰写经验有限，丛书难免有疏漏或不当之处，敬请读者批评、指正。

最后，衷心祝愿天下所有父母和孩子生活圆满，幸福安康！

“智慧父母成长课堂”丛书主编　杨敏